Transformationsprozesse in Deutschland

Transformationsprozesse in Deutschland

Herausgegeben von Heinz Sahner
(Universität Halle-Wittenberg)

im Auftrag der Arbeitsgemeinschaft
Sozialwissenschaftlicher Institute e.V. (ASI)

Leske + Budrich, Opladen 1995

In der ASI - Arbeitsgemeinschaft Sozialwissenschaftlicher Institute e.V. - sind die gemeinnützigen sozialwissenschaftlichen Forschungseinrichtungen und Universitätsinstitute der Bundesrepublik zusammengeschlossen. Ziel der ASI ist die Förderung und Intensivierung der sozialwissenschaftlichen Forschung, insbesondere in ihrer empirischen Ausrichtung. Sie ist Träger des Informationszentrums Sozialwissenschaften (IZ) in Bonn, einer der drei zentralen sozialwissenschaftlichen Infrastruktureinrichtungen für die Sozialwissenschaften (GESIS e.V.) in der Bundesrepublik Deutschland.

Die Deutsche Bibliothek - CIP-Einheitsaufnahme

Transformationsprozesse in Deutschland hrsg. von Heinz Sahner
im Auftrag der Arbeitsgemeinschaft Sozialwissenschaftlicher
Institute e.V.(ASI). - Opladen: Leske + Budrich, 1995

ISBN 978-3-8100-1523-5 ISBN 978-3-322-95736-8 (eBook)

DOI 10.1007/978-3-322-95736-8

NE: Sahner, Heinz [Hrsg.]

Inhalt

Inhalt

Heinz Sahner

Vorwort

Konturen des Transformationsprozesses

Die Arbeitsgemeinschaft Sozialwissenschaftlicher Institute e.V. (ASI) hat sich seit der Wende der Vereinigungsprobleme in ihren wissenschaftlichen Jahresversammlungen immer wieder angenommen. So schon im Oktober 1990, als im Plenarsaal der Akademie der Wissenschaften (AdW) unter reger Beteiligung aus Ost- und Westdeutschland über die „Sozialforschung in Deutschland und Europa" (München 1991) beraten wurde. Ging es hier vorwiegend um wissenschaftsorganisatorische Probleme, so standen im folgenden Jahr in Weimar unter der Überschrift „Gesellschaftlicher Umbruch 1945-1990: Re-Demokratisierung und Lebensverhältnisse" (München 1992), vor allem aber auf der Jahresversammlung am 28. 10. 1994 in Halle, die hier dokumentiert wird, unter der Überschrift „Transformationsprozesse in Deutschland" inhaltliche Fragestellungen im Mittelpunkt. Die Forschungsbefunde zu diesem Thema sind kaum noch überschaubar. Sie wurden noch durch hunderte von Forschungsberichten bereichert, die auf dem Soziologiekongreß in Halle, der im Frühjahr 1995 unter dem Titel „Gesellschaften im Umbruch" abgehalten wurde, präsentiert wurden. Wie läßt sich hier ein Überblick gewinnen? Eine Bilanz - und sei sie noch so holzschnittartig - tut not.

Ob der Dualismus zwischen Ost- und Westdeutschland größer oder kleiner wird, läßt sich nicht pauschal beantworten. Die Analyse einzelner Bereiche ermöglicht eindeutigere Antworten. Vier Dimensionen des Vereinigungprozesses möchte ich ansprechen:

1. die Ebene der individuellen Freiheiten,
2. die Ebene der Institutionen,
3. die materielle und ökonomische Dimension und schließlich
4. die mentale und soziale Dimension, also die Akteure selbst.

(1) Unstrittig, sowohl zwischen den Forschern als auch bei den Betroffenen selbst, das belegen zahlreiche Umfragen, ist das erreichte Potential individueller Freiheiten. Die Optionen sind für den ehemaligen DDR-Bürger in einem beträchtlichen Umfang gewachsen, so z. B. auf den Gebieten der Konsum-, Meinungs-, Presse-, Rede- und Reisefreiheiten. Diese Möglichkeiten werden heute in einem Maße genutzt, daß sie zu kulturellen Selbstverständlichkeiten geworden sind.

(2) Durch demokratische Wahlen entschied sich die Mehrheit der DDR-Bevölkerung gegen die DDR und für den Beitritt zur Bundesrepublik. Damit entschied man sich auch für die Übernahme zentraler Institutionen der Bundesrepublik. Zu den Grundinstitutionen zählen z. B. die Konkurrenzdemokratie, die Marktwirtschaft, ein Verfahren der Statuszuweisung (Leistungsprinzip), das geeignet ist, soziale Ungleichheit zu legitimieren, ein universalistisches Rechtssystem usw.

Das Institutionensystem der Bundesrepublik ist vergleichsweise schnell übertragen worden. Zumindest drei Gründe können dafür angeführt werden. Erstens: Die Übertragung war von allen Seiten gewollt; die Akzeptanz war und ist beträchtlich. Zweitens: Der Transformationsprozeß wurde durch bedeutende Transferzahlungen alimentiert. Drittens: Ein Heer von Experten aus Bund, Ländern und Gemeinden unterstützte die Implementierung.

Dem Vorwurf, daß mit der Übernahme dieser Institutionen bestimmte Entwicklungspfade festgeschrieben werden, kann man entgegenhalten, daß gerade das diskutierte Institutionengefüge über ein beträchtliches Potential eingebauter Flexibilität verfügt, so daß durchaus verschiedene Entwicklungspfade offen bleiben.

(3) Leben die Bürger in Ost- und Westdeutschland mittlerweile in einem vergleichbaren Institutionengefüge, so variieren jedoch die materiellen Bedingungen noch immer beträchtlich. In-

frastruktur (Straßen), Wohnungs- und Umweltbedingungen (z.B. Luftverschmutzung) vor allem aber auch die Einkommensverhältnisse sind in Ostdeutschland deutlich ungünstiger. Wenn den ostdeutschen Bürgern ihre niedrigere Miete veranschlagt wird (etwa 57% der westlichen), dann darf darüber nicht vergessen werden, daß sie sich dafür deutlich weniger Wohnkomfort einhandeln.

Wenn auch die Angleichung der Löhne auf Westniveau absehbar ist, so impliziert das noch lange nicht gleiches Wohlstandsniveau, dem steht schon die große Arbeitslosigkeit entgegen.

Die Arbeitslosigkeit hat aber nicht allein Einfluß auf das Haushaltseinkommen. Identität, Selbstverständnis und Stellung in der Gesellschaft wird dominant über die berufliche Tätigkeit vermittelt. In der DDR galt das ganz besonders. Auch deshalb ist die hohe Arbeitslosigkeit eine besondere Geißel. Dabei muß man sich noch vor Augen führen, daß die rund eine Million Arbeitslosen, die augenblicklich in Ostdeutschland zu registieren sind (März 1995: 14,7% im Osten, 8,8% im Westen), die Misere nicht in ihrer vollen Breite wiedergeben. Die DDR hatte bei rund 16,6 Millionen Einwohnern 9,8 Millionen Einwohner im Arbeitsprozeß stehen. Gemessen an den Erwerbsfähigen ist das eine Erwerbsquote von ungefähr 90% (mit nur geringen Unterschieden zwischen den Geschlechtern!). Von diesen 9,8 Millionen waren im August 1993 nur noch etwa 6,2 Millionen erwerbstätig. Davon waren aber noch etwa 500.000 über eine Arbeitsbeschaffungsmaßnahme beschäftigt bzw. mit Kurzarbeit belastet. Kurz, mit der Wende haben nicht nur eine Million, sondern 3 bis 4 Millionen ihren sicheren Arbeitsplatz und damit ihre Identität verloren. Frauen waren und sind von der Arbeitslosigkeit besonders betroffen. Zwar wurde über Vorruhestandsregelungen und über Fort- und Weiterbildungsmaßnahmen oder eben über Arbeitslosengeld materielle Not weitgehend abgewendet, aber fast jeder zweite von denen, die früher berufstätig waren, assoziiert die Wende mit Statusverlust. Das hat Konsequenzen!

(4) Am wenigsten weit ist jedoch die Vereinigung im mentalen und sozialen Bereich fortgeschritten. Diesen Sachverhalt kann man mit zumindest drei Argumenten bzw. Konzepten plausibel machen. Wie meist, so läßt sich auch hier die Welt nicht monokausal erklären. Auf den Gesichtspunkt des Identitätsverlustes wurde schon eingegangen. Identität läßt sich auch nicht im Handumdrehen neu stiften, zumindest nicht so schnell, wie man z.B. vom Trabi auf den Golf umsteigen kann. Sozialisationsprozesse sind langwieriger.

Den zweiten Gesichtspunkt kann man mit dem Konzept der relativen Deprivation umschreiben. Auch der Bürger lebt vom Vergleich. Es geht zwar „jedem" besser, aber doch nicht so gut wie den Bürgern Westdeutschlands. Und die wehren sich - mit aus ihrer Sicht sicher guten Gründen - gegen ein weitergehendes „Teilen". Sie verweisen auf die Transfermilliarden. Der Bürger Ostdeutschlands verweist eher darauf, daß er den verlorenen Krieg gleich zweimal bezahlen mußte und auch als ganz junger Mensch im Durchschnitt nicht die Chance hat, auf ein im Westen übliches Vermögensniveau zu kommen. Man denke allein an die in der Nachkriegszeit im Westen erworbenen Vermögen, die nun vererbt werden. Viele der älteren Ostbürger werden aber noch nicht einmal zu einem vergleichbar hohen Einkommen bzw. Rente kommen, erst recht nicht zu einem annähernd hohen Sparguthaben, geschweige denn zu ähnlichen Vermögen (Immobilien). Ist das gerecht? - nur weil man nach dem Krieg zufälligerweise ein paar Kilometer zu weit östlich wohnte?

Die größten Probleme dürften aber daraus resultieren, daß sich die Koordinaten des Handelns mit der Übernahme des westlichen Institutionengefüges drastisch geändert haben.

Im Westen sind die außerfamilialen Beziehungen, z.B. die Handlungsanforderungen im Betrieb, eher universalistisch, affektiv neutral, eher auf einzelne Aspekte des Rollenpartners zugeschnitten, es interessiert lediglich sein Fachwissen. Die Rollenzuteilung nach Leistung spielt eine große Rolle, Selbstorientierung ist erlaubt oder sogar erforderlich. Dagegen schaue man sich an, welche Rolle der Betrieb im Leben des ostdeutschen Bürgers spielte! Er war fast ein funktionales Äquivalent zur Familie. „Wir waren ein so schönes Kollektiv" sagt jemand, der sich für den Westen entschieden hat. Die Beziehungsmuster ähnelten nicht nur denen, die man im Westen als für die Familie typisch herausgestellt hat und die zu den im Beruf geltenden Handlungsanforderungen in einem Spannungsverhältnis stehen (zumindest in westlichen Industriegesellschaften gilt das), sondern die Betriebsangehörigen wurden „auf Arbeit" auch rundum versorgt, das System war also weniger ausdifferenziert. Die Betriebsleistungen bezogen sich auf die Kultur, auf Kindergärten, ärztliche Versorgung und auf viele andere Leistungen. Überhaupt, kollektive Orientierungen dominierten. Manches mutete vorindustriell an. Als Medium für wirtschaftliche Austauschbeziehungen bediente man sich nicht nur des Geldes. Es gab Sektoren, da dominierte der Naturaltausch. Allgemeiner Bedarf allein reichte zur Produktion selbst bescheidener Produkte nicht aus. Man lese nur einmal in Hermann Kants „Abspann" nach, welcher Kombination von Merkmalen des Familismus es bedurfte, um in der DDR die Produktion eines Sabberlätzchens aus Plaste zu initiieren. In der Bildung von privaten Versorgungsnetzwerken und Beschaffungsgemeinschaften war man virtuos. Netzwerke, Kollektivorientierung - sollten die Ostdeutschen im Sinne fortschrittlicher westlicher Unternehmensphilosophien heute „moderner" als die Westdeutschen sein?

Über den tatsächlichen und möglichen Veränderungen darf nicht vergessen werden, zu welchen Wirkungen es *nicht* gekommen ist. Ob politisches Handeln angemessen ist, kann nur vor dem Hintergrund möglicher Alternativen eingeschätzt werden. So hat die Wende nicht zu katastrophalen Verhältnissen geführt, wie wir sie in Osteuropa auf wirtschaftlichem und politischem Gebiet beobachten können. So ist Ostdeutschland durch die (frühe, für manche zu frühe) Wirtschaftsunion nicht durch Migration ausgeblutet, und die Westdeutschen nehmen ohne Aufstand die immensen Transferleistungen auf sich, obwohl sie eine Wohlstandseinbuße bedeuten.

Die Bundesrepublik Deutschland in langfristiger Perspektive? Betrachtet man in Summa den bisherigen Transformationsprozeß, so sind die Voraussetzungen für einen weiteren kontinuierlichen Vereinigungsprozeß nicht schlecht, der freilich noch weit in das nächste Jahrtausend reichen wird. Dabei wird das Konzert der Stämme und Landschaften immer noch anders klingen als vor der Wende. Und so soll es ja auch sein.

Aber man täusche sich nicht, die Bundesrepublik Deutschland wird dabei ihr Gesicht verändern. Auch wenn das Institutionensystem selbst weitgehend unverändert bleiben sollte, so bietet es Raum für beträchtliche Veränderungen in der Ausgestaltung.

Dies wird deutlich, wenn man zwischen der Institutionenebene und der Akteursebene unterscheidet. So zeitigt schon das Verhalten der Ostdeutschen deutliche Rückwirkungen auf das politische System der Bundesrepublik insgesamt. Man denke nur an das, was die PDS schon bewegt hat. Die Institution der Konkurrenzdemokratie wurde zwar auch durch die gestiegene Notwendigkeit zur Bildung großer Koalitionen nicht in Frage gestellt, doch zeichnen sich darüber hinaus Prozesse ab, die vor kurzem noch undenkbar waren, und die es einem schwarz-grün vor Augen werden lassen.

Zentrale Aspekte der Transformationsprozesse in Deutschland werden in den hier veröffentlichten Vorträgen eingehender diskutiert und z.T. auch materialreich dokumentiert: Dr. Eugen Spitznagel und Prof. Dr. Toni Hahn greifen das große Thema Arbeit auf, Prof. Dr. Heinz Wiesenthal, Dr. Hans-Joachim Maaz und Dr. Gisela Trommsdorff referieren zu wichtigen Transformationsproblemen des politischen Systems. Bei der Vorbereitung der Tagung haben mich Prof. Dr. Nils Diederich und Dr. Dietmar Wittich unterstützt. Dafür danke ich. Freundlicherweise sprang Herr Diederich kurzfristig ein, um die Tagung zu moderieren; sein einführender Beitrag zeigt den Gesamtrahmen der hier behandelten Problematik auf. Dafür haben wir alle zu danken. Aufgrund seiner langjährigen politischen Tätigkeit verfügt er über besonders profunde Kenntnisse des Transformationsprozesses. Dies kam der Tagung und diesem Band zugute.

Halle, im Juni 1995

Nils Diederich

Einführung in das Thema Transformationsprozesse in Deutschland

Die Transformationsprozesse in Deutschland sind in vieler Hinsicht singulär. Dieser geschichtlich einmalige Wandlungsprozeß betrifft letztlich alle Lebensbereiche der Menschen und der Gesellschaft. Auch heute, fünf Jahre nach dem großen Umbruch, ist das Ende dieses Wandlungsprozesses nicht absehbar. Nach der anfänglichen Vereinigungseuphorie, die eine unrealistisch kurze Übergangszeit erhoffen ließ, stehen wir heute vor der Einsicht, daß überhaupt nicht abgeschätzt werden kann, wie Deutschland am Ende aussehen wird. Es wird völlig übersehen, daß die Konsequenzen nicht nur eine innerdeutsche Angelegenheit sind, sondern unsere Nachbarn, auf jeden Fall die Europäische Gemeinschaft und die Nachbarn im Osten, wenn nicht sogar die Weltgemeinschaft, betreffen. Was also die Vereinigung der beiden deutschen Staaten, die ja ein Teil einer gewaltigen Umwälzung in Osteuropa ist, für die internationale Politik und die Stellung Deutschlands in der Welt bedeuten werden, ist noch nicht hinreichend erkannt und, so meine ich, auch nicht in allen Tendenzen erkennbar.

Wir haben für diese Tagung drei thematische Schwerpunkte gewählt, um uns diesem neuen und brennend aktuellen Forschungsfeld zu nähern. Wir fragen:

- Welche Konsequenzen hat die Wandlung der ökonomischen Strukturen für die Stellung der Menschen im Arbeitsprozeß?
- Wie werden die neuen politischen Strukturen der repräsentativen Demokratie von den Bürgern rezipiert und möglicherweise neu gestaltet?
- Was bedeutet der Wandel der gesellschaftlichen Identität für die betroffenen Individuen und wie ist die Wechselwirkung

zwischen individueller Verarbeitung und Anpassung einerseits und Stabilisierung gesellschaftlicher Institutionen andererseits?

Meine einführenden Bemerkungen beruhen nicht auf einer geordneten Analyse und vertieften systematischen empirischen Forschung, sondern sind auch stark geprägt von persönlichen Erfahrungen, die ich in den letzten Jahren als Bundestagsabgeordneter für einen Ostberliner Wahlkreis sammeln konnte.

Erste Bemerkung

Erneut hat sich bestätigt, daß keine Gesellschaftswissenschaft in der Lage ist, große Umbrüche vorherzusehen. Es war ja nicht nur so, daß sich bis 1989 Politiker in West und Ost auf eine lange und dauerhafte Teilung Deutschlands in zwei Staaten eingerichtet hatten, auch ein Zusammenwachsen war eher als ein jahrzehntelanger Prozeß der Annäherung und Öffnung in einer politischen Neuordnung im Rahmen Europas denkbar. Eine staatliche Vereinigung kam darin bei sehr vielen nicht mehr vor: Für manche war sie nicht nur nicht realistisch, sondern auch gar nicht mehr wünschbar.

Ein Beispiel, pars pro toto. Im Herbst 1989 feierte die DDR - wie zuvor die Bundesrepublik Deutschland im Mai anläßlich der Verkündung des Grundgesetzes - ihr 40jähriges Bestehen; ein Schwanengesang, wie wir heute wissen. Aus diesem Anlaß ließ die Bundeszentrale für politische Bildung durch Werner Weidenfeld und Hartmut Zimmermann das „Deutschlandhandbuch. Eine doppelte Bilanz seit 1949 - 1989" herausgeben, in dem die Crème der bundesdeutschen DDR-Forschung ihre sachkundigen Analysen zum Stand der Systementwicklung in beiden deutschen Staaten offenbarte. Das Deutschlandhandbuch lag gerade noch rechtzeitig zu den Jubelfeiern, nämlich im Spätsommer 1989, vor. Es ist somit eine Art umfassender „Schlußbericht" über die Existenz zweier deutscher Staaten, denn unmittelbar danach begann - mit der Ablösung Honeckers und dem Fall der Berliner Mauer - die Übergangszeit zur Deutschen Vereinigung. Wie gesagt: gelehrte und tiefgründige Analysen. Die Autoren erkennen die Verschlechterung der Situation in Ostdeutschland.

Die Reformbedürftigkeit scheint bei allen Beiträgen durch. Viele Autoren erkennen die Ambivalenz der „Deutschen Frage". Dietrich Staritz konstatiert über die reisenden Rentner: „Für diese DDR-Bürger ist ihr Land mithin noch immer ein Deutschland zweiter Wahl" (S. 83) und an anderer Stelle zu den vergeblichen Legitimationsbemühungen der SED-Führung „... den ökonomischen Vergleich ziehen DDR-Bürger nur mit der Bundesrepublik" (S. 84). Ob nun Vortmann feststellt: „Das Gebäude des Marxismus-Leninismus weist nicht nur zahlreiche Risse auf, auch sein Fundament ist längst brüchig geworden" (S. 386), oder Doris Cornelsen in ihrem lesenswerten Beitrag auf die wachsenden strukturellen Probleme verweist, oder andere Autoren grundlegende Notwendigkeiten des Wandels und der Erneuerung konstatieren, alle unterstellen implizit, daß es doch irgendwie weitergeht. Vielleicht war es die List der Geschichte, daß die gerontokratische Führungsgruppe der DDR sich selbst immer wieder davon überzeugt hat, daß die DDR der am meisten gefestigte Staat im RGW war. Wie Willi Stoph 1985 ausrief: „Das Volk der DDR" sei der „Sieger der Geschichte". Diese Führungsgruppe, die Zugang zu allen relevanten Daten hätte haben können und die über das verzweigteste Informationssystem verfügte - nämlich der Stasi - wollte offenbar, daß ihr Lebenswerk erfolgreich bliebe und verschloß die Augen vor der Realität. So wurde mangels manifesten Krisenbewußtseins, trotz gespannter innenpolitischer Situation, jede Notwendigkeit zur Reform praktisch bis zuletzt geleugnet.

Aber auch im Westen blieben die Warner eher Seltenheit. Gerhard Eppler war einer der Wenigen, der, offenbar aufgrund zunehmender Enttäuschung über die ausbleibenden Konsequenzen zum SPD/SED-Papier in seiner großen Ansprache zum Gedenken des 17. Juni 1953 im Bundestag am 17. Juni 1989 die autoritär repressive Haltung der SED im Bereich der Bürgerfreiheiten geißelte und dem Regime ein schlimmes Ende prophezeite. Hartmut Zimmermann hat in seiner Zusammenschau im Deutschlandhandbuch („Deutschland 1989: Probleme und Tendenzen nach 40 Jahren Zweistaatlichkeit") ein fast apokalyptisches Bild der DDR gemalt, die Überfülle der inneren und äußeren Probleme, die „ihren Ausdruck in den Unzufriedenen der DDR-Bürger fand" und die „Resignation und Unwille über die herrschende Politik" nach sich zog, und das Leugnen jeder Reformnotwendigkeit durch die SED-Führung aufgezeigt. Dennoch: Zwar erkannte Zimmermann, daß die internationale Szenerie sich im Wandel befand, die Bipolarität von UdSSR und USA zurücktrat und die Kalkulierbarkeit in Frage gestellt war. Den nahen Zusammenbruch als Folge der Auflösung des östlichen Machtsystems und des inneren Zusammenbruchs des morschen DDR-Systems erkannte auch dieser herausragende Analytiker des östlichen Systems nicht; was kein Tadel ist, denn auch alle jene Alles- bzw. Besserwisser in den politischen Führungsetagen hatten die Einsicht nicht.

Es ist wohl das bittere Los unserer Wissenschaften, daß wir immer erst hinterher, dann aber sehr klug und hochgelehrt belegen können, daß alles so kommen mußte wie es dann gekommen ist.

Zweite Bemerkung

Wie Systeme zusammenbrechen, wenn sie sich reformunfähig zeigen, das hat Alexis de Tocqueville bereits in seinen Analysen - z.B. „L' ancien regime et la revolution" - gezeigt. Es gibt Passagen, da müssen lediglich Namen und Institutionsbezeichnungen gewechselt werden, schon scheint uns die Endzeit des SED-Regimes als eine Analogie zum ancien regime hervorzutreten. Damals war es wie heute: Die Franzosen wollten Reformen bevor sie Freiheiten forderten. Wie die Transformation aussehen würde, das konnte 1989 genauso wenig abgeschätzt werden, wie zweihundert Jahre zuvor in Frankreich.

Auch die Analyse von Alexis de Tocqueville fand ex post statt und sie ist gefärbt vom Denken und politischen Wollen seiner Zeit. Die Anwendung von Erkenntnissen auf analoge Vorgänge kann höchst anregend sein, dennoch: als Sozialwissenschaftler mit Bewußtsein für die Bedeutung der menschlichen Geschichte muß ich auch mich selber immer wieder vor zu starker Analogiebildung warnen. Der große Unterschied zwischen damals und heute ist wohl, daß Frankreich 1789 aufgrund innerer Bewegung das politische System gewandelt hat, während die Veränderungen in der DDR zunächst einmal nicht das Ergebnis klassenpolitischer Auseinandersetzungen von historischer Dimension waren. Vielmehr machten der Wandel eines Weltsystems und die Veränderungen in der Sowjetunion die Veränderungen in der DDR möglich.

Nichtsdestoweniger kann man zweierlei aus de Tocquevilles Analysen lernen:

1. Ohne einen im System angelegten Mechanismus zur Veränderung und zum Austausch der Eliten und ohne eine gesellschaftliche Kontrolle von Herrschaftsstrukturen kann eine verknöcherte herrschende Gruppe nur durch Zusammenbruch des Systems und durch totalen Austausch der herrschenden Eliten verändert werden.
2. Die Konsequenzen radikaler Veränderungen sind nicht abschätzbar und auch kaum steuerbar. Vor allen Dingen galt damals wie heute: Die Revolution frißt ihre Kinder. Oder etwas gemäßigter ausgedrückt: Die ersten Akteure der Veränderungen sind selten auch diejenigen, die die Früchte der Veränderungen ernten.

Dritte Bemerkung

Der Vorgang Deutsche Einheit ist ohne Präzedenz. D.h. aber: Der Transformationsprozeß mußte und muß ganz anders laufen als bei unseren europäischen Nachbarn.

Nirgendwo gab es das Faktum der geteilten Nation. Waren doch die anderen Staaten im Glacis der Sowjetunion Nationalstaaten, die ihre Identität erst als Folge des ersten Weltkrieges wiedergewonnen oder erstmals erlangt hatten und sie nach der Beherrschung durch das Großdeutsche Reich wiedererlangten. Für Ungarn, für Polen, für Tschechen und Slowaken usw. gab es auch im Exil nur einen nationalen Bezugspunkt: Das kommunistisch beherrschte Heimatland, dessen Regierung und System man ablehnte und bekämpfte, das man als Vaterland dennoch liebte.

Anders in Deutschland. Das zentrale Problem der DDR war das ihrer Identität, sie blieb Teil eines gespaltenen Landes. Viele

Bürger wollten sich in dem neuen System nicht einrichten und dies betraf vor allem die Arbeiterklasse und die anderen abhängig Beschäftigten, die der „Arbeiter- und Bauernstaat" doch zuallererst repräsentieren wollte. Die Politik des DDR-Regimes, ob unter Ulbricht oder Honecker, war markiert durch den krampfhaften Versuch, eine eigene nationale Identität zu gewinnen. Der Mauerbau war eine Konsequenz der Tatsache, daß die Menschen sich der Notwendigkeit einer Auseinandersetzung mit dem eigenen Regime entziehen konnten, ohne zu emigrieren: Es genügte gleichsam ein Billett der Berliner S-Bahn. Das war es, was Renan im 19. Jh. bezeichnete, wenn er sagte, die Nation, das sei eine tagtägliche Abstimmung der Bürger. Übertragen formulierte es Willy Brand als „Abstimmung mit den Füssen".

Aber auch nach dem Mauerbau wurde ein Wechsel von Ost nach West von der Mehrzahl der Ostdeutschen nicht als Emigration empfunden. Es war eher eine spitzfindige Konstruktion einiger Intellektueller, die den erzwungenen oder auch selbst gewählten Umzug nach Westdeutschland als Exil konstruieren wollten.

Sicher liegt in diesem Phänomen die tiefe Ursache dafür, daß so schnell aus der selbstbewußten basisdemokratischen Parole „Wir sind das Volk" der Ruf der Wendezeit wurde: „Wir sind *ein* Volk".

Wir müssen heute erkennen, daß dieser Ruf utopische Elemente hatte. Aus den Berichten der hin- und herreisenden Hunderttausenden Rentner, aus den Selbstdarstellungen der Bundesbürger, bei Familienbesuchen zumal derjenigen, die von Ost nach West gewechselt waren, und aus den Bildern im Fernsehen hatte sich von dem Land hinter der Mauer eine Vorstellung von einer heilen Welt geformt, in der Freizügigkeit, materieller Wohlstand und funktionierendes Staatswesen mit natürlicher Weltgeltung ein idealisiertes und geheimnisvoll strahlendes Bild in herben Kontrast setzte mit der Alltagswirklichkeit der DDR, sie trüber, trostloser, perspektivloser und grauer erscheinen ließ.

Das konkrete Symbol war die harte DM, die möglichst schnell kommen sollte, die vielfältige Warenflut und die Reisen in die weite Welt, die man dafür erwerben konnte. Über den Preis dachten wenige nach. Wer im Volkskammerwahlkampf vor dem 18. März 1989 auf Kosten hinwies, hatte schon verloren, zumal die Quellen im Westen doch unerschöpflich schienen. Das Geld war sozusagen in der Portokasse. Euphorie verdrängte Bilanzrechnung.

Dies war dann Ursache für manche Frustration. Es war konstitutiv für das, was in der vierten Bemerkung zu sagen ist.

Vierte Bemerkung

Die Transformation beider deutscher Staaten in die neue Bundesrepublik läuft asymmetrisch. Es war eben keine Vereinigung zweier gleichberechtigter Partner zu einem neuen Ganzen, wie dies etwa mit der Integration Berlins und Brandenburgs in ein gemeinsames Land jetzt in mühseligen Verhandlungen angestrebt wird. Die Formel „des Beitritts der Deutschen Demokratischen Republik zur Bundesrepublik Deutschland gemäß Artikel 23 des Grundgesetzes", mit dem die neuen Länder Länder der Bundesrepublik werden (Artikel 1, Absatz 1 des Einigungsvertrages), konstatiert in schöner Klarheit: Das Rechts-, Wirtschafts-, Finanz- und Sozialsystem der bisherigen Bundesrepublik wird im Prinzip auf die neuen Länder übertragen, der Rest ist Übergangsregelung.

Was das für die Strukturen menschlichen Verhaltens bedeuten würde, hat wohl niemand so richtig abschätzen können. Die große Mehrheit der DDR-Bürger wollte es auch so: Die DDR sollte verschwinden. Wenn davon am Ende nur der grüne Abbiegepfeil gerettet würde, für 85% der Bürger war es recht so. Behalten wollte man allerdings Geborgenheit, soziale Sicherheit, gesicherten Arbeitsplatz. Niemand hatte bedacht, daß eine völlig neue soziale Umwelt mit neuen Verhaltensweisen, Werten, Normen und Strukturen zu lernen und zu verinnerlichen war. Oder wenn: man wollte es so, fand es ein zu lösendes Problem, dem man sich gern stellte.

Die Gnadenlosigkeit der Ellenbogengesellschaft, die zweckrationale Ausrichtung des Beziehungsgeflechts Gesellschaft, die Erfordernis unternehmerischer Haltung, das stets vorhandene ökonomische Kalkül, das Sich-selbst-überlassen-sein hatte niemand als ernstes Problem gesehen. Wir sozialwissenschaftsgeschulten Bürger der Altbundesrepublik wissen, daß, beginnend im Kindergarten und in der Schule, von klein auf der Umgang mit diesem harten Umfeld eingeübt werden muß. Gleichsam spielerisch wird gelernt, die Ellenbogen zu benutzen, ohne andere zu stark zu verletzten, die Konkurrenz durchzuhalten, ohne andere zu vernichten, und sich auch entsprechend zu wehren. Wie konnten Menschen, die in einer patriarchalisch repressiven Gesellschaft gelernt hatten zu überleben, indem man sich mit Obrigkeit arangiert und private Freiräume schafft („Datschengesellschaft") so schnell lernen, Konflikte offen auszutragen?

Daß, ohne Schutzraum, die ehemaligen DDR-Bürger anfangs überhaupt nicht in der Lage sein würden, mit Altbundesrepublikanern zu konkurrieren, bedarf keiner weiteren Erklärung. Die Konfrontation mit dem neuen System war für ehemalige DDR-Bürger unentrinnbar. Das Gefühl, den Westdeutschen unterlegen zu sein, bezog sich sehr schnell nicht mehr auf die überfließenden materiellen Standards, sondern auf die Bewältigung einfacher Lebenssituationen. Fast genauso schnell lernten aber viele DDR-Bürger, sich auch mit den neuen Umständen zu arrangieren, mit ihnen mehr oder weniger gut zurechtzukommen. Die Geschichte dieses Lernprozesses muß noch geschrieben werden. Die Verinnerlichung der neuen politischen Institutionen, der sozialen und wirtschaftlichen Strukturen, war ein Prozeß, den die Mehrheit der neuen Bürger erstaunlich schnell bewältigte. Mit Sicherheit geht und ging der Prozeß der Problemverarbeitung bei jedem Individuum durchaus unterschiedlich vor sich, aber er findet statt.

Eine andere Seite der Medaille hat bisher zu wenig Beachtung gefunden. Die Mehrheit der Alt-Bundesrepublikaner hat noch nicht gelernt, daß die Republik, wie sie vor 1989 war, nicht mehr existiert. Am besten zu spüren und zu beobachten war und ist dies wohl in Westberlin, betrifft aber auch die alten Bundesländer in ähnlicher Weise. Die Unmöglichkeit, die neue Situation bei voller Besitzstandswahrung zu bewältigen, führte und führt zu Spannungen, die letztlich dem politischen System angelastet werden. Die Einsicht, daß die neue Situation als unabwendbar akzeptiert und verarbeitet werden muß, setzt sich erst schrittweise durch.

Ein gutes Beispiel mag die Hauptstadtdiskussion sein. Erst die neue Bonner Oberbürgermeisterin Dieckmann repräsentiert nach fünf Jahren eine pragmatische Generation, die das Unabwendbare ins Positive zu wenden versucht und den Parlaments- und Regierungsumzug als politische Herausforderung für neue Problemlösungen in Bonn versteht.

Fünfte Bemerkung

In der Euphorie des Vereinigungsprozesses - es war Wahlkampf - verkündete Bundeskanzler Kohl, daß es nach der Vereinigung keinem schlechter gehen werde als vorher. Vielleicht hat er sogar sich selbst geglaubt. Aber er traf damit sicher auch eine vorhandene Stimmung.

Es hat aber dennoch „Verlierer der Einheit" gegeben. Denn es ging ja nicht allein um das Materielle. Verlierer waren in jedem Falle jene, die ihre Lebensplanung voll auf eine Karriere im alten System gesetzt hatten. Als Verlierer verstehen sich auch manche, die etwa durch die Neugestaltung des Rentenrechts sich benachteiligt fühlen, wobei es gar nicht so sehr um die absolute Summe geht, als um die pauschale Herabstufung nominaler Ansprüche. Gemeint ist die Plafondierung der Ansprüche ehemaliger Angehöriger „staatsnaher Berufe", polemisch „Rentenstrafrecht" genannt. Oder die Frage der Behandlung des Eigentums, wo sich viele DDR-Bürger als Verlierer fühlten und die Bundesregierung und das Parlament inzwischen mit mehreren Nachbesserungen versucht hat, eine dem Gerechtigkeitsempfinden der Ostdeutschen näherkommende differenzierte Lösung anzubieten.

Die Reaktionen sind unterschiedlich. Sicher gibt es auch Resignation, Verzweiflung und Apathie, die sich letztlich auch in anomischem Verhalten in Bezug auf das politische System äußern mag. Aber sicher ist eine Quelle vieler PDS-Stimmen in den neuen Bundesländern hier zu suchen. Interessanterweise findet dies wahlgeographisch seinen Ausdruck in PDS-Hochburgen in Berlin und vor allem alten Bezirkshauptstädten - in denen sich ja die hoffnungsvollen Aufsteiger der systemtragenden Elite konzentrierten, die aber gleichzeitig auch heute eher geringere Arbeitslosenquoten als im Gesamtdurchschnitt aufweisen, und wo die Familieneinkommen eher höher liegen. Man denke an Berlin-Marzahn und Hellersdorf.

Die deutsche Politik wird auf Signale reagieren müssen. Ob es der PDS gelingt, ihre Wähler schrittweise mitzunehmen auf dem Weg zu einer „Regierungsfähigkeit" der Partei oder ob es den anderen Parteien gelingt, dieses Wählerpotential bei sich zu integrieren, ist heute sicher unentschieden.

Der amerikanische Politikwissenschaftler V.O. Key hat in seinem großartigen Werk „Southern Politics in State and Nation", 2. Auflage New York 1950, die Restrukturierung des politischen Systems in den Südstaaten nach dem amerikanischen Bürgerkrieg beschrieben. Natürlich liegt es mir fern, enge Parallelen zu ziehen. Aber: Es gibt Zusammenhänge, aus denen man lernen kann.

Mit dem Zusammenbruch der Südstaaten im Bürgerkrieg wurden auch die alten Eliten entmachtet. Die republikanische Partei des siegreichen Präsidenten Lincoln war zunächst der natürliche Verbündete der befreiten Negersklaven, aber zumeist standen doch oft zugereiste Weiße („carpetbaggers", S. 552) hinter den wenigen einheimischen Repräsentanten oder sie übernahmen zunächst das Kommando, die Initiative. Die ungebildete und unerfahrene Wählerschaft war eher Manipulationsmasse. Die Reaktion auf die Machtusurpation durch die als Partei der „Sieger" empfundenen Republikaner war eine systematische Rückeroberung der „Selbstverwaltung" durch die Alteingesessenen, übrigens gerade die sog. „Kleinen Leute" unter den Weißen, die selbst nie Angehörige der sklavenhaltenden Elite gewesen waren, die aber eher die Konkurrenz der freigesetzten Arbeitskräfte zu fürchten hatten. Die Folge war eine jahrzehntelange Einparteienherrschaft und politische Selbstisolierung in den Südstaaten.

Der triumphale Einmarsch der „Wessis", begrüßt und erwünscht am Anfang, wird von vielen ostdeutschen Bürgern mehr und mehr kritisch gesehen, obwohl sowohl an den Hochschulen als auch in den Verwaltungen und in der Wirtschaft sich viele Zugewanderte etabliert haben und gemeinhin auch akzeptiert werden. Dennoch gibt es eine zunehmende Skepsis („auch *die* kochen nur mit Wasser"), und die anfängliche scheinbare Hilflosigkeit macht einem sich entwickelnden politischen Selbstbewußtsein in den neuen Ländern Platz. Ich bewerte diesen Prozeß positiv und bin aufgrund meiner Erfahrungen im Bundestag zuversichtlich, daß sich aus diesem neuen Selbstbewußtsein auch Impulse für die ganze Republik entwickeln.

Wenn es ein Ziel ist, alle Bürger auf die Reise in ein vereintes demokratisches und erneuertes Deutschland mitzunehmen, muß der Entstehung einer Bunkermentalität, wie sie V.O. Key für die Südstaaten der USA beschrieben hatte, entgegengewirkt werden. Dies ist eine Aufgabe für alle demokratischen Kräfte im erneuerten Deutschland.

Für die politische Soziologie liegt hier ein aktuelles Forschungsfeld.

Sechste Bemerkung

Die Enttäuschung vieler Menschen über die Ergebnisse der deutschen Einheit habe ich in den vorangegangenen Bemerkungen beleuchtet. Es gibt aber einen anderen, sehr viel mehr im Persönlichen liegenden Aspekt. Manche Individuen haben spontan gehofft, daß sich mit der „Revolution" auch ihre persönlichen Probleme auflösen würden. Nun stellen sie fest, daß manche Probleme in ihnen selbst liegen, nicht oder jedenfalls nicht hauptsächlich durch das System bedingt sind, und daß sie diese Probleme in die neue Zeit mitgenommen haben. Und viele haben geglaubt, daß Veränderungen möglich sind bei gleichzeitigem Festhalten an gewohnten alten Besitzständen.

Es kommt Bewegung in die deutsche Politik und sie wird, so meine Prognose, sich nicht auf Ostdeutschland beschränken. Die Transformationsprozesse erfassen das ganze Land, auch wenn es so viele Bundesbürger noch nicht bemerkt haben.

Die Bundesrepublik wird auf dem Weg zur Jahrtausendwende eine andere Republik werden, als sie es vor 1989 war. Ob der

Prozeß friedlich, kontinuierlich und gewaltfrei verlaufen wird, wird sicher auch von der Robustheit der Institutionen, die sich ja auf der Grundlage des Grundgesetzes der alten Bundesrepublik entwickelt haben, abhängen und ihr zu verdanken sein.

Aufgaben über Aufgaben für unsere sozialwissenschaftliche Forschung.

Eugen Spitznagel

Arbeitsmarktentwicklung in der Bundesrepublik Deutschland

1. Einleitung

Die wirtschaftliche Rezession im Westen und der krisenhafte Transformationsprozeß im Osten haben tiefe Spuren auf dem deutschen Arbeitsmarkt hinterlassen.

Im Jahresdurchschnitt 1994 sind rd. 3,7 Mio. Menschen arbeitslos; im Westen 2,6 Mio. und im Osten 1,1 Mio. Die Arbeitslosenquote liegt im Westen bei 9,2 %, im Osten bei 16 %. Daneben gibt es eine Stille Reserve in der Größenordnung von rd. 1,6 Mio. Personen (außerhalb von Maßnahmen). Über 2 Mio. Menschen befinden sich in arbeitsmarkt- und sozialpolitischen Maßnahmen und treten deshalb nicht als Arbeitslose in Erscheinung. Insgesamt fehlen also rd. 7 Mio. Arbeitsplätze.

Dieser Beitrag soll die Grundlinien der Arbeitsmarktentwicklung in Ost und West beschreiben. Eine hinreichend differenzierte Analyse würde freilich den gesetzten Rahmen sprengen. Viele wichtige Fragen und Probleme können deshalb hier nicht angesprochen, bestenfalls angeschnitten werden. Nach der Darstellung der Gesamtentwicklung des Arbeitsmarktes in West und Ost, einschließlich einer Vorausschau auf das Jahr 1995, wird aus der Vielfalt wichtiger Themen jeweils ein Thema aus den Bereichen „Arbeitszeitpolitik" und „Arbeitsmarktpolitik" aufgegriffen.

2. Westdeutschland: aus der Rezession in den wirtschaftlichen Aufschwung

Die Rezession in Westdeutschland hat einen tiefen Beschäftigungseinbruch hinterlassen (Schaubild 1, S. 39): 1993 gab es jahresdurchschnittlich rd. 460.000 Erwerbstätige weniger als im Vorjahr, 1994 hat die Zahl der Beschäftigten im Jahresdurchschnitt um 360.000 abgenommen. Der Beschäftigungseinbruch wurde gemildert durch Kurzarbeit. In der Spitze, das war in den Monaten Februar bis April des Jahres 1993, haben gut 1 Mio. Arbeitnehmer kurzgearbeitet und zwar im Durchschnitt rd. 40 % weniger als normalerweise. Im Jahresdurchschnitt 1993 gab es rd. 770.000 Kurzarbeiter. Dem entspricht ein Beschäftigungsäquivalent von knapp 330.000 Personen. D.h. ohne Kurzarbeit wäre der Beschäftigungsrückgang 1993 rechnerisch in dieser Größenordnung noch stärker ausgefallen. 1994 hat die gesamtwirtschaftliche Bedeutung der Kurzarbeit (auf 275.000) abgenommen.

Verschärft wurde die Situation am Arbeitsmarkt während der Rezession noch durch anhaltenden Druck auf der Angebotsseite. Das gesamtwirtschaftliche Arbeitsangebot (Erwerbspersonenpotential) ist 1993 um fast 300.000 Personen angestiegen. Bestimmend waren Zuwanderungen von Asylbewerbern und Aussiedlern, aber auch Ost-West-Wanderungen. Die negative demographische Komponente wurde dadurch mehr als ausgeglichen. 1994 nahm der Angebotsdruck zwar erheblich ab, immerhin gab es aber doch gut 70.000 Erwerbspersonen mehr als im Vorjahr.

Der Arbeitsmarkt wurde 1993/94 somit auf beiden Seiten belastet: Einmal durch die stark nachlassende Arbeitsnachfrage, zum anderen durch das zunehmende Arbeitsangebot. Deshalb ist die Arbeitslosigkeit sprunghaft angestiegen: 1993 um rd. 460.000 auf 2,27 Mio.; 1994 um 290.000 auf 2,56 Mio. (Schaubild 2, S. 40).

Die registrierte Arbeitslosigkeit beschreibt die Unterbeschäftigung aber nur unvollständig. Zusätzlich gibt es eine Stille Reserve. Das sind nichtbeschäftigte Personen, die arbeiten wollen, aber nicht beim Arbeitsamt arbeitslos gemeldet sind. Ihre Zahl ist 1993 schätzungsweise um fast 0,3 Mio. angestiegen. Für 1994 wird die Zunahme auf knapp 150.000 veranschlagt.

Wie in früheren Rezessionen hat die Arbeitsnachfrage auf negative Impulse, die aus weiten Bereichen der Gütermärkte kamen, mit Verzögerung reagiert. 1992 schon hat sich die gesamtwirtschaftliche Produktionsentwicklung deutlich abgeschwächt. Betroffen war vor allem das verarbeitende Gewerbe. Trotzdem war gesamtwirtschaftlich noch eine Beschäftigungszunahme um rd. 260.000 zu verzeichnen. Die Arbeitsproduktivität (je Stunde) hat deshalb nicht mehr zugenommen. Auch im Jahr 1993 blieb die gesamtwirtschaftliche Produktivität (mit + 1,5 %) weit hinter den im langfristigen Durchschnitt beobachteten Zuwachsraten zurück.

Die Talsohle der Rezession wurde schließlich im zweiten Halbjahr 1993 durchschritten. Die gesamtwirtschaftliche Produktion wächst seit mehreren Quartalen wieder. Das reale Bruttoinlandsprodukt ist im Jahr 1994 um 2 % unerwartet kräftig gewachsen. Die Beschäftigung ging aber immer noch leicht zurück. Im Aufschwung nahm die Produktivitätsentwicklung nun einen spiegelbildlichen Verlauf: Sie ist 1994 kräftig angestiegen (+ 4,5 %).

Nach den vorläufigen Zahlen des Statistischen Bundesamts ist im saisonbereinigten Verlauf bei der gesamtwirtschaftlichen Beschäftigung zum Jahresende 1994 hin eine Stabilisierung zu erkennen. Der beginnende wirtschaftliche Aufschwung konnte offenbar lediglich verhindern, daß die Beschäftigung weiter geschrumpft ist. Unsicherheiten ergeben sich allerdings aus den Revisionen, die vom Statistischen Bundesamt bei den monatlichen Erwerbstätigenzahlen oftmals vorgenommen werden müssen. Erfreulich ist immerhin, daß die Zahl der offenen Stellen (saisonbereinigt) seit Mitte 1994 zunimmt (Schaubild 2, S. 40). Die Arbeitsämter bemühen sich, durch intensivere Kontakte zu den Betrieben möglichst viele Stellenangebote zu akquirieren. Viele Besetzungsvorgänge laufen schon.

Auch die Arbeitslosenzahlen zeigen (saisonbereinigt) seit der Jahresmitte eine leicht rückläufige Tendenz. Vor allem der verstärkte Einsatz arbeitsmarktpolitischer Maßnahmen, in erster Linie die Förderung von Fortbildung und Umschulung nach dem Arbeitsförderungsgesetz (AFG), hat diese Entwicklung gefördert. Beigetragen hat dazu auch, daß der Angebotsdruck am Arbeitsmarkt nachgelassen hat. Im Jahresdurchschnitt gab es schließlich 2,56 Mio. Arbeitslose.

Für die Arbeitsmarktentwicklung im Jahr 1995 haben wir im Institut für Arbeitsmarkt- und Berufsforschung (IAB) Alternativrechnungen, auf der Basis von Annahmen über das Tempo des Wirtschaftswachstums erstellt (Varianten I - III in Übersicht 1, S. 38). Die mittlere Variante entspricht dem Mehrheitsvotum im Rahmen der Gemeinschaftsdiagnose der großen deutschen Wirtschaftsforschungsinstitute vom Herbst 1994 (+ 2,5 % Wachstum des Bruttoinlandsprodukts), die untere dem Minderheitsvotum des Deutschen Instituts für Wirtschaftsforschung (DIW) (+1,5% BIP). Seitdem haben sich die Erwartungen eher verbessert, so daß auch eine günstigere Entwicklung als in der mittleren Variante angenommen nicht als unmöglich erscheint. Deshalb haben wir in der oberen Variante ein Wachstum des BIP um 3,5 % angenommen.

Weitgehend unabhängig vom Wachstumstempo wird die Arbeitsproduktivität (je Stunde) 1995 nochmals kräftig ansteigen. Dies ist zum großen Teil das Ergebnis einer weiter verbesserten Auslastungssituation. Es ist nicht außergewöhnlich, daß nach einem konjunkturellen Tief im Aufschwung die Produktivität etwa zwei Jahre lang überdurchschnittlich stark zunimmt. Auch in früheren Zyklen ist dieses Phänomen zu beobachten. Die Beschäftigung ist erfahrungsgemäß ein Spätindikator im Konjunkturzyklus. Das wirtschaftliche Wachstum wird deshalb erst allmählich zu mehr Beschäftigung führen.

Für die untere Variante (+ 1,5 %) erwarten wir einen Produktivitätsanstieg um 3 %. Die durchschnittliche Jahresarbeitszeit wird um 1,3 % zurückgehen, die Zahl der Erwerbstätigen wird im Jahresdurchschnitt um 50.000 unter dem Vorjahresstand liegen. Was in den Jahresdurchschnittszahlen allerdings nicht zum Ausdruck kommt: Im Verlauf des Jahres 1995 nimmt die Beschäftigung unter diesen Annahmen zu.

Für die mittlere Variante, der wir aus heutiger Sicht die größte Wahrscheinlichkeit geben, erwarten wir eine Zunahme der Arbeitsproduktivität um gut 3,3 %, eine Abnahme der Arbeitszeit um 1,1 % und einen Anstieg der Erwerbstätigenzahl um rd. 100.000 (jeweils jahresdurchschnittlich). Dies ergäbe im Jahresverlauf einen kräftigen Beschäftigungsanstieg.

In der oberen Variante würde die Arbeitsproduktivität auslastungsbedingt noch stärker zunehmen (+ 3,7 %). Die jährliche Arbeitszeit der Beschäftigten dürfte schwächer zurückgehen (0,9 %), u.a. wegen weniger Kurzarbeit und etwas mehr Überstundenarbeit. Die Zahl der Erwerbstätigen würde dann um 200.000 über dem Durchschnittsstand des Vorjahres liegen. Im Jahresverlauf würde die Beschäftigung in diesem Fall sehr kräftig ansteigen. Nicht übersehen werden darf allerdings, daß der rezessionsbedingte Rückgang auch bei einer derartig günstigen Entwicklung erst zum Teil aufgeholt werden würde.

Auf der Angebotsseite des Arbeitsmarktes nimmt der Druck 1995 weiter ab. Wenn sich nicht neue Belastungen durch Zuwanderungen ergeben, wird das Erwerbspersonenpotential etwa auf dem Vorjahresstand bleiben. Es wird voraussichtlich weniger angebotserhöhende Zuwanderungen geben. Diese dürften durch die zunehmenden angebotsmindernden demographischen Einflüsse etwa ausgeglichen werden. Im Jahr 1995 wäre dann erstmals seit 1968 keine Zunahme des Erwerbspersonenpotentials mehr zu verzeichnen.

Bei diesen Angebots-/Nachfrage-Verhältnissen würde die untere Variante im Jahresdurchschnitt zu knapp 2,57 Mio. Arbeitslosen führen. Am Vorjahresniveau würde sich somit wenig ändern. Unter den Annahmen der mittleren Variante könnte die registrierte Arbeitslosigkeit auf 2,47 Mio. sinken. Unter den günstigen Annahmen der oberen Variante ist mit einem Rückgang auf 2,4 Mio. zu rechnen.

Nicht übersehen werden darf die sog. Stille Reserve. Dieser Teil der gesamtwirtschaftlichen Unterbeschäftigung ist für 1995 - gegenüber dem Vorjahr und in den drei Varianten nahezu unverändert - auf eine Größenordnung von 1,9 Mio. Personen zu schätzen. Davon sind rd. 1,4 Mio. der Stillen Reserve im engeren Sinne zuzurechnen. Das sind nichtbeschäftigte Personen, die arbeiten wollen, aber nicht bei den Arbeitsämtern gemeldet sind, weder als Arbeitsuchende, noch als Teilnehmer an Maßnahmen. Rund 0,5 Mio. Personen gehören zur Stillen Reserve im weiteren Sinne. Das sind z.B. Teilnehmer an Maßnahmen zur beruflichen Bildung (einschließlich Reha) und an Sprachlehrgängen sowie Personen, die arbeitslos gemeldet waren, aufgrund bestimmter Umstände aber nicht oder vorübergehend nicht als solche geführt werden.

Die Stille Reserve dürfte bei günstiger Entwicklung auf der Nachfrageseite des Arbeitsmarktes mobilisiert werden. Deshalb führt der Beschäftigungsanstieg in der mittleren und oberen Variante nicht in voller Höhe zu einem Abbau der registrierten Arbeitslosigkeit.

3. Ostdeutschland: vom Plan zum Markt

Der Transformationsprozeß dauert nun fünf Jahre an, aber die Krise ist nicht überwunden. Allerdings hellt sich die wirtschaftliche Lage in den neuen Bundesländern zunehmend auf. Vor allem von Bauwirtschaft, Handwerk und Dienstleistungsbereich gehen positive Impulse aus. Aber auch das Verarbeitende Gewerbe legt kräftig zu, allerdings von niedrigem Niveau aus.

Der Neuaufbau und Umbau der Kapazitäten wird zwar zunehmend produktions- und beschäftigungswirksam, aber: Die Hälfte der Binnennachfrage wird derzeit noch durch Zulieferungen von außerhalb gedeckt. Dies zeigt schon der hohe negative Außenbeitrag (Export minus Import) in der volkswirtschaftlichen Gesamtrechnung. Mit rd. 220 Mrd. DM machte er 1994 fast 40 % der gesamten Inlandsnachfrage aus. Das DIW hat dieses Phänomen im Auftrag der Bundesanstalt für Arbeit (BA) mit der Input-Output-Methode näher untersucht. Das Ergebnis zeigt Schaubild 3 (S. 41). Die hohe und wachsende Endnachfrage kommt aber immer mehr dem internen Geschehen von Wirtschaft und Arbeitsmarkt in den neuen Bundesländern zugute.

Bislang ging das wirtschaftliche Wachstum allerdings mit Beschäftigungsabbau und kräftigen Produktivitätssteigerungen einher. Seit 1989 hat die Zahl der Erwerbstätigen um rd. 3,4 Mio.

abgenommen. So ist z.B. die Beschäftigung im Treuhandbereich (auch durch Verkäufe und Liquidationen) kräftig geschrumpft. Von den ehemals rd. 4 Mio. Beschäftigten in Ex-Treuhandunternehmen dürften nur 1 Mio. übrig bleiben (Schaubild 4, S. 42).

1994 hat die gesamtwirtschaftliche Beschäftigung jahresdurchschnittlich wohl erstmals zugenommen (+ 50.000). Im Jahresverlauf wird der Umschwung deutlicher: Im 4. Quartal dieses Jahres dürfte es gut 0,1 Mio. Erwerbstätige mehr gegeben haben als im Vorjahr. Dieser Anstieg ist allerdings fast vollständig auf den verstärkten Einsatz von beschäftigungsschaffenden Maßnahmen zurückzuführen (ABM und produktive Lohnkostenzuschüsse nach § 249h AFG).

Entlastend macht sich bemerkbar, daß das Arbeitsangebot 1994 weiter zurückgegangen ist (- 160.000), vor allem weil die Bildungsbeteiligung zunimmt und die Erwerbsneigung (der Frauen) abnimmt. Die Wanderungs- und Pendlerströme beeinflußten das Erwerbspersonenpotential nur wenig.

Bei dieser Angebots-Nachfrage-Konstellation ergab sich eine leichte Abnahme der jahresdurchschnittlichen Zahl der registrierten Arbeitslosen auf 1,14 Mio. Die jahresdurchschnittliche Betrachtung verdeckt allerdings die beachtliche Besserung im Jahresverlauf (Schaubild 5, S. 43), die weitgehend auf mehr aktive Arbeitsmarktpolitik zurückzuführen ist. Kräftig zugenommen hat im Jahresverlauf vor allem die Zahl der Personen in beschäftigungschaffenden Maßnahmen sowie in Maßnahmen zur Fortbildung und Umschulung. Auf das Gesamtjahr 1994 gesehen, konnten allerdings weniger Bildungsmaßnahmen durchgeführt werden als im Vorjahr.

Auch in den neuen Bundesländern wird das Ausmaß der Unterbeschäftigung durch die Zahl der registrierten Arbeitslosen nicht vollständig beschrieben, denn es gibt eine beträchtliche Stille Reserve. Aufgrund der besonderen Gegebenheiten ist eine Stille Reserve im engeren und im weiteren Sinne zu unterscheiden. Bei der ersteren handelt es sich um Personen (v.a. Frauen), die zwar arbeiten wollen, die aber derzeit wenig Chancen am Arbeitsmarkt sehen und sich deshalb nicht bei den Arbeitsämtern melden. Die Stille Rerserve im engeren Sinne nimmt seit drei Jahren stetig zu und ist für das Jahr 1994 auf rd. 200.000 zu schätzen. Bei der Stillen Reserve im weiteren Sinne handelt es sich um Personen, die normalerweise Arbeit suchen würden, die aufgrund der Gegebenheiten aber im Vorruhestand oder in einer Bildungsmaßnahme stehen oder aus sonstigen Gründen nicht als Arbeitslose geführt werden. Die Stille Reserve im weiteren Sinne nimmt zahlenmäßig stark ab, v.a. weil die besonderen Vorruhestandsregelungen nicht mehr in Anspruch genommen werden können.

Wie für den Westen haben wir auch für die Arbeitsmarktentwicklung 1995 in Ostdeutschland Alternativrechnungen erstellt (Varianten I - III in Übersicht 2, S. 38).

Angenommen, die ostdeutsche Wirtschaft wüchse 1995 im gleichen Tempo wie im Vorjahr (+ 9 %, das entspricht der Gemeinschaftsdiagnose), dann dürfte die Beschäftigung im Jahresverlauf zumindest mit dem gleichen Tempo zunehmen wie im Vorjahr (mittlere Variante). Diese Einschätzung wird durch die Ergebnisse einer Befragung über die Beschäftigungserwartungen von Betrieben und Verwaltungen gestützt. Sie wurde gemeinsam vom IAB und vom ifo-Institut durchgeführt. Im Jahresdurchschnitt rechnen wir mit einer Zunahme um rd. 100.000.

Sollte sich das Wachstumstempo verlangsamen (+ 8 %, untere Variante), dann würde der Beschäftigungsanstieg erheblich flacher ausfallen. Jahresdurchschnittlich ergäbe sich ein Anstieg der Erwerbstätigenzahl um rd. 60.000.

Eine Beschleunigung des Wachstums des realen Bruttoinlandsprodukts (+ 10 %, obere Variante) würde etwa zur Hälfte der Beschäftigung zugute kommen. Die Zahl der Erwerbstätigen dürfte dann den Vorjahresstand um 140.000 übersteigen.

Das Arbeitsangebot wird 1995 weiter zurückgehen. Zwar werden weniger Menschen abwandern und mehr zuwandern, doch gleichen die potentialmindernden demographischen Einflüsse dies etwa aus. Bestimmend für den Angebotsrückgang ist die weiter zunehmende Bildungsbeteiligung sowie die weiter abnehmende Erwerbsbeteiligung (v.a. der Frauen). Wir nehmen an, daß deshalb das Erwerbspersonenpotential 1995 um 210.000 zurückgeht.

Unter diesen Bedingungen rechnen wir in der mittleren Variante für 1995 mit einer jahresdurchschnittlichen Arbeitslosenzahl von rd.1 Mio. Die schlechtere bzw. günstigere Beschäftigungsentwicklung in den Varianten I bzw. III würden an der Million relativ wenig ändern, weil ein Teil davon auf die Stille Reserve entfiele.

Die Stille Reserve hat mit 1,1 Mio nach wie vor eine beachtliche Größenordnung. Gut ein Drittel davon ist als Stille Reserve im engeren Sinne einzustufen. Gegenüber 1994 dürfte sie kräftig ansteigen, weil angenommen werden kann, daß ein Teil der Arbeitslosen, an denen die insgesamt vergleichsweise schwache Beschäftigungsentwicklung vorbeigeht, seine Arbeitslosigkeitsmeldung nicht aufrechterhalten wird, wenn Ansprüche an die Arbeitslosenversicherung ausgeschöpft sind. Derartige Übergänge in die Stille Reserve sind wohl v.a. bei den Frauen zu erwarten. Sie stellen zwei Drittel der registrierten Arbeitslosen. Dagegen wird die Stille Reserve im weiteren Sinne erheblich abnehmen, v.a. weil weniger Bildungsmaßnahmen als im Vorjahr gefördert werden können und weil die besonderen Vorruhestandsregelungen verschlossen sind.

4. Zur Arbeitszeitdiskussion in Westdeutschland

Angesichts der hohen Unterbeschäftigung ist es grundsätzlich erfreulich, daß in letzter Zeit die Arbeitszeit als strategische Variable der Beschäftigungspolitik wiederentdeckt wurde. Da es keinen „Königsweg" aus der Arbeitslosigkeit gibt, muß jede Option vorurteilsfrei geprüft werden.

Die Arbeitszeitverkürzung kommt nun meist im Gewand der Teilzeitarbeit daher. Dabei sind folgende Varianten zu unterscheiden:

- *Freiwillige Teilzeit* wird (meist von Arbeitnehmerinnen) angestrebt, um Familie und Beruf miteinander vereinbaren zu können. Das kann z.B. die traditionelle Halbtagsarbeit sein, aber auch eine Arbeitszeit zwischen halbtags und ganztags. Dies kann aber auch Arbeit an weniger Tagen pro Woche sein.

- *Akzeptierte Teilzeit,* wenn z.B. durch Betriebsvereinbarungen die individuelle Arbeitszeit befristet verringert wird, um die Beschäftigung zu sichern.

Letztlich läuft beides auf eine Verteilung des gesamtwirtschaftlichen Arbeitsvolumens auf mehr Schultern hinaus. Auf der Nachfrageseite wie auf der Angebotsseite des Arbeitsmarktes gibt es dafür offenbar noch große Potentiale. Verschiedene Untersuchungen haben folgendes ergeben:

- Viele vollzeitbeschäftigte Arbeitnehmer und v.a. Arbeitnehmerinnen möchten lieber Teilzeit arbeiten und würden auch entsprechend auf Einkommen verzichten.
- Viele Betriebe könnten grundsätzlich Vollzeitarbeitsplätze teilen und mehr Teilzeitarbeitsplätze anbieten. Sie bewerten Teilzeitarbeit unter Kosten-Ertrags-Gesichtspunkten überwiegend positiv.

Auch wenn die einzelnen Befragungsergebnisse und Rechenansätze verschieden sind, so kann man derzeit in Westdeutschland von einem Potential in Höhe von 2 Mio. zusätzlichen Teilzeitarbeitsplätzen ausgehen.

Allerdings darf nicht erwartet werden, daß dieses Potential von heute auf morgen ausgeschöpft werden kann. Es braucht sicherlich Zeit, bis Angebot und Nachfrage zusammenkommen. Z.B. dürften die Qualifikationsprofile von Arbeitnehmern und Arbeitsplätzen unterschiedlich sein. Auch die von den Beschäftigten gewünschte Dauer und Lage der Arbeitszeit wird nicht selten von den betrieblichen Erfordernissen abweichen. Die wünschenswerte sozialrechtliche Absicherung im Falle von Krankheit, Arbeitslosigkeit und Rente spielt eine wichtige Rolle. Nicht übersehen werden darf freilich, daß viele Haushalte zwei „volle" Arbeitseinkommen zur Sicherung des gewünschten Lebensstandards für erforderlich halten.

Die Entwicklung in den letzten Jahren nährt aber die Erwartung, daß Barrieren allmählich überwunden werden können. Die freiwillige Teilzeit hat über Jahre hinweg stetig zugenommen.

Von 1983 bis zum Jahr 1992 ist die Zahl der Erwerbstätigen um 3,2 Mio. angestiegen (+ 12 %). Mehr als die Hälfte dieses Anstiegs entfiel auf Teilzeitarbeit. Die Zahl der Vollzeitbeschäftigten hat um 6,5 %, die der Teilzeitbeschäftigten um 56 % zugenommen.

Das prominenteste Beispiel einer akzeptierten Teilzeitarbeit hat wohl die Volkswagen AG vorgeführt. Ein Teil der Belegschaft (schätzungsweise 50.000 derzeit) arbeitet 28,8 Stunden pro Woche. Aber auch in vielen anderen Betrieben der Metall- und Elektroindustrie gibt es seit dem 1. April 1994 ähnliche Verträge zur Beschäftigungssicherung. Um Entlassungen zu vermeiden, kann die Wochenarbeitszeit dort befristet bis auf 30 Stunden verringert werden, in der Regel bei proportionaler Lohnkürzung. Derzeit dürften davon rd. 500.000 Beschäftigte betroffen sein. Ihre Arbeitszeit ist im Durchschnitt um 10 % reduziert. Rechnerisch werden damit rd. 50.000 Entlassungen vermieden.

Auf die Gesamtwirtschaft gesehen mag dies als kleine Zahl erscheinen. Wichtiger ist jedoch, daß die Tarifpartner offenbar bestrebt sind, diesen partnerschaftlichen Kurs der Beschäftigungssicherung fortzuführen.

5. Beschäftigungschaffende Maßnahmen in Ostdeutschland

Beschäftigungschaffende Maßnahmen sind nach wie vor eine tragende Säule der Arbeitsmarktpolitik in Ostdeutschland. Nach dem Arbeitsförderungsgesetz (AFG) können Allgemeine Maßnahmen zur Arbeitsbeschaffung (ABM) und Maßnahmen zur Verbesserung der Umwelt, der sozialen Dienste oder der Jugendhilfe (seit 1993) gefördert werden.

Im Rahmen von ABM werden Arbeiten gefördert, die im öffentlichen Interesse sind, wenn sie ohne die Förderung nicht durchgeführt werden könnten. In ABM müssen in der Regel Personen beschäftigt werden, die vorher arbeitslos waren. Ihr Lohn muß angemessen niedriger sein als der der Nicht-Geförderten mit vergleichbaren Tätigkeiten.

ABM haben in den Jahren nach der Vereinigung - nach kurzer Anlaufzeit - den Arbeitsmarkt massiv entlastet. Im Jahresdurchschnitt 1992 gab es fast 400.000 Geförderte. Der überwiegende Teil dieser Maßnahmen war im engeren Sinne investiv (Schaubild 6, S. 44). Gefördert wurden vor allem Maßnahmen zur Verbesserung der wirtschaftsnahen Infrastruktur und der Umwelt sowie bauliche Instandsetzung und Planung. Bei den Großprojekten, den sog. Mega-ABM, ist der investive Anteil noch höher.

Mit den ABM soll erstens der Arbeitsmarkt entlastet werden. Zweitens sollen die Entwicklungsbedingungen der ostdeutschen Volkswirtschaft verbessert werden. Und drittens sollen ABM eine Brücke sein, über die Geförderte in normale Arbeitsverhältnisse gelangen. Deshalb wird die Beschäftigung in den Maßnahmen oft mit einer Qualifizierung verbunden. Gut 1/3 aller ABM enthalten solche Qualifizierungselemente. Meist handelt es sich dabei um arbeitsbegleitende Weiterbildung (Schaubild 7, S. 45).

Was ist nun aus den Teilnehmern geworden, nachdem sie aus der ABM ausgeschieden sind? Hier ist zwischen dem kurzfristigen und dem längerfristigen Verbleib zu unterscheiden (Schaubild 8, S. 46). Gut die Hälfte aller in ABM geförderten Personen finden sofort nach der Maßnahme eine Stelle. Die meisten suchen nach einem „normalen" Arbeitsplatz schon während ihrer Tätigkeit in ABM. Viele scheiden wegen Aufnahme einer anderen Arbeit vorzeitig aus. Vor allem die Befristung der Maßnahme sowie die im Vergleich zu anderen Beschäftigten im Durchschnitt schlechtere Einkommenssituation setzt offenbar beträchtliche Mobilitätsanreize. Es hat sich gezeigt, daß die normalen Arbeitsverhältnisse im Anschluß an ABM sehr stabil sind. Für die überwiegende Zahl der Geförderten war ABM eine Brücke in Dauerbeschäftigung. Auch bei Geförderten in Maßnahmen, die von sog. Gesellschaften zur Arbeits-, Beschäftigungs- und Strukturförderung (ABS) durchgeführt wurden, war ein hoher Eingliederungserfolg zu verzeichnen (Schaubild 9, S. 47).

In den Jahren 1993 und 1994 wurden die ABM erheblich zurückgefahren. Ausschlaggebend hierfür waren die hohen Haushaltsdefizite der Bundesanstalt für Arbeit (BA) sowie ordnungspolitische Bedenken. 1995 ist mit einem weiteren Rückgang zu rechnen.

1993 wurde ein neues beschäftigungschaffendes Instrument eingeführt: Die Förderung von Maßnahmen nach § 249h AFG.

Es können nach dieser Rechtsvorschrift Personen in Maßnahmen der Bereiche Umwelt, soziale Dienste und Jugendhilfe (u.a.) mit pauschalierten Lohnkostenzuschüssen gefördert werden, wenn sie vorher drei Monate arbeitslos waren und Arbeitslosengeld oder Arbeitslosenhilfe bezogen haben oder in ABM oder in Kurzarbeit standen. Ihr Lohn muß mindestens 10 % niedriger sein als der Lohn einer vergleichbaren nichtgeförderten Tätigkeit oder die Arbeitszeit muß um 20 % kürzer als normal sein (mit entsprechender Lohnkürzung). Der Lohnkostenzuschuß ist so hoch wie der Betrag, der im Durchschnitt für Arbeitslosengeld- und Arbeitslosenhilfeempfänger aufgewendet wird. Damit soll für die BA Kostenneutralität gesichert werden. Außerdem werden die Träger der Maßnahmen mehr als bei ABM in die Finanzierung einbezogen. Diese Komplementärfinanzierung zielt auch darauf ab, die Arbeitsmarktpolitik stärker mit der Regional- und Strukturpolitik zu verzahnen und die Effizienz der Maßnahmen zu steigern.

Die Zahl der Geförderten ist ab Mitte 1993 zügig angestiegen (Schaubild 10, S. 48). Ende 1994 lag sie bei gut 100.000. Das Schaubild 11 (S. 49) zeigt die inhaltlichen Schwerpunkte, das Schaubild 12 (S. 50) die Verteilung nach der Maßnahmengröße. Im Jahr 1995 sollen die Teilnehmerzahlen weiter gesteigert werden. Angestrebt wird ein Durchschnittsbestand von 120.000 Geförderten.

Zwar sind positive Tendenzen am ostdeutschen Arbeitsmarkt erkennbar, doch sind wohl auch in den nächsten Jahren arbeitsmarktpolitische Maßnahmen ganz allgemein unverzichtbar. Dies gilt v.a. im Hinblick auf die hohe Zahl der Langzeitarbeitslosen. Derzeit sind in den neuen Bundesländern rd. 300.000 Personen länger als 1 Jahr arbeitlos.

Unter ökonomischen und sozialen Gesichtspunkten ist es - auch auf längere Sicht - sinnvoll, in der Zeit des Übergangs Maßnahmen zu fördern, die die volkswirtschaftlichen Entwicklungschancen und die individuelle Lebenslage im Osten verbessern, statt passiv Arbeitslosigkeit zu alimentieren.

Übersicht 1:

Arbeitsmarktentwicklung in Westdeutschland 1992 - 1995 - Veränderungen gegen Vorjahr bzw. Bestand -

	Bruttoinlands-produkt (%)	Produktivität (je Stunde) (%)	Erwerbstätige (%)	Erwerbstätige (1.000)	Arbeitslose (Bestand in Mio.)
1992	+ 1,8	± 0,0	+ 0,9	+ 262	1,81
1993	- 1,7	+ 1,5	- 1,6	- 458	2,27
1994	+ 2,3	+ 4,5	- 1,2	- 358	2,56
		1995 (Prognose)			
I	+ 1,5	+ 3,0	- 0,2	- 50	2,57
II	+ 2,5	+ 3,3	+ 0,3	+ 100	2,47
III	+ 3,5	+ 3,7	+ 0,7	+ 200	2,40

Quelle: Autorengemeinschaft: Der Arbeitsmarkt 1994 und 1995 in der Bundesrepublik Deutschland, in: Mitteilungen aus der Arbeitsmarkt- und Berufsforschung, Heft 4, 1994.

Übersicht 2:

Arbeitsmarktentwicklung in Ostdeutschland 1992 - 1995 - Veränderungen gegen Vorjahr bzw. Bestand -

	Bruttoinlands-produkt (%)	Produktivität (je Stunde) (%)	Erwerbstätige (%)	Erwerbstätige (1.000)	Arbeitslose (Bestand in Mio.)
1992	+ 7,8	+ 8,8	- 11,7	- 858	1,17
1993	+ 5,8	+ 6,6	- 2,9	- 190	1,15
1994	+ 8,9	+ 8,9	+ 0,8	+ 50	1,14
		1995 (Prognose)			
I	+ 8,0	+ 8,6	+ 0,9	+ 60	1,02
II	+ 9,0	+ 8,7	+ 1,6	+ 100	1,00
III	+ 10,0	+ 8,9	+ 2,2	+ 140	0,98

Quelle: Autorengemeinschaft: Der Arbeitsmarkt 1994 und 1995 in der Bundesrepublik Deutschland, in: Mitteilungen aus der Arbeitsmarkt- und Berufsforschung, Heft 4, 1994.

Schaubild 1:

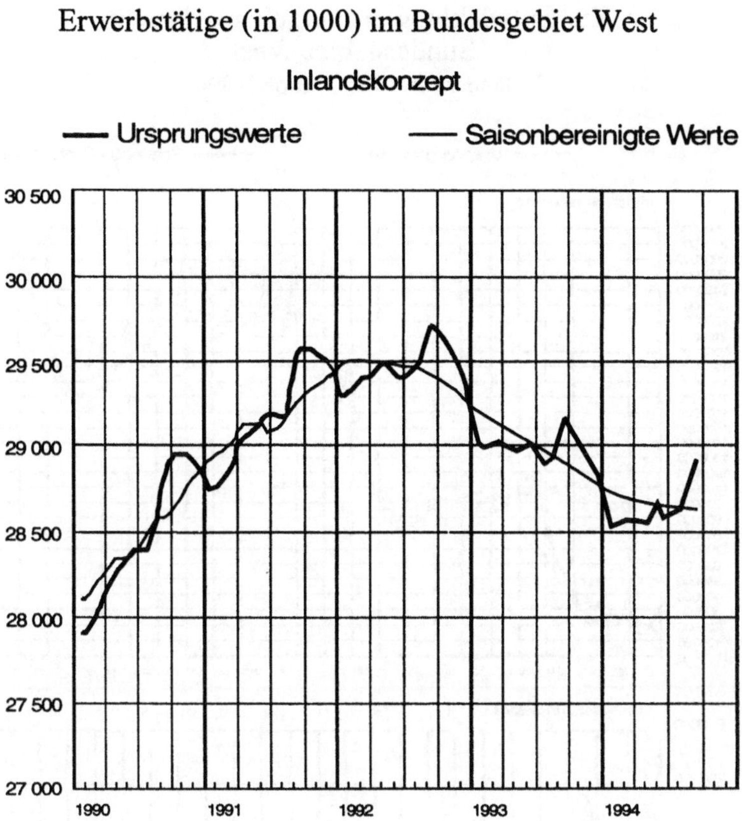

Quelle: IAB (VII/9)

Schaubild 2:

Zur Entwicklung des Arbeitsmarktes im Bundesgebiet West

Januar 1971 bis Oktober 1994

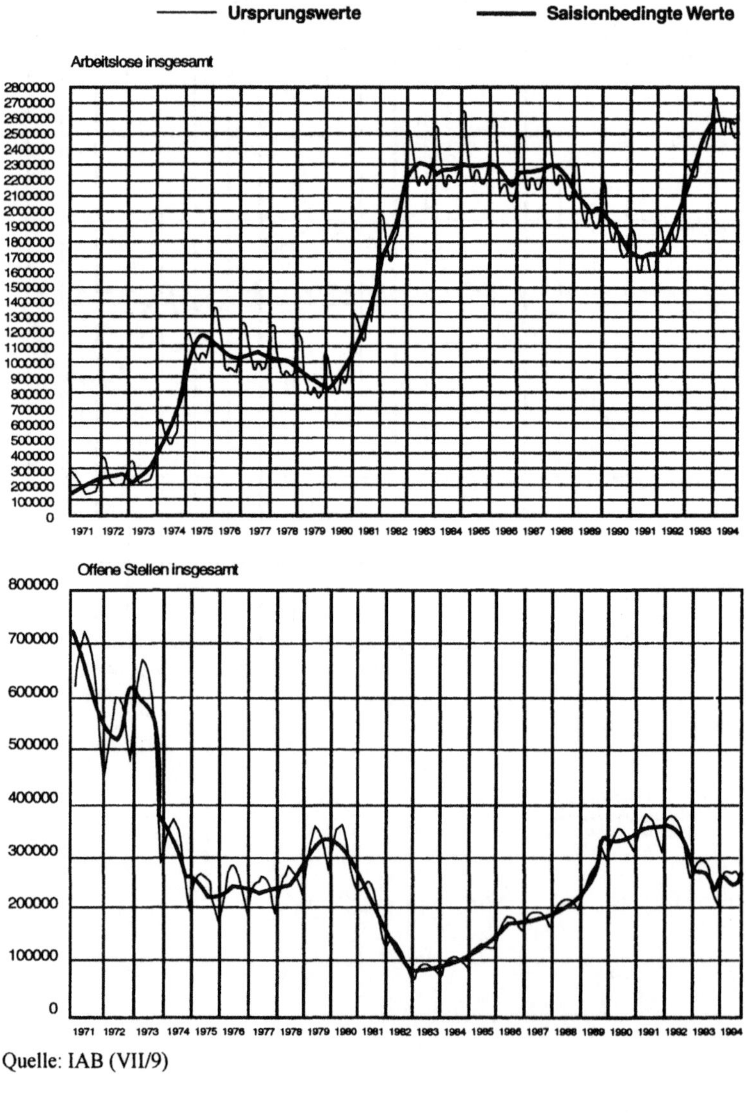

Quelle: IAB (VII/9)

Schaubild 3:

Im Osten kaufen, im Westen produzieren?

Ergebnisse einer Input-Output-Analyse über die Wirkung von Nachfrageimpulsen

- Von der gesamtwirtschaftlichen Nachfrage nach Waren und Dienstleistungen im Osten Deutschlands wurden 1992 dort nur 44 Prozent produktions-, einkommens- und beschäftigungswirksam.
- Der Rest entfiel auf Lieferungen aus dem Westen (37%) und auf Importe aus dem Ausland (19%). Von außerhalb kamen sowohl Endprodukte (38%), als auch Vorleistungen (18%, vgl. Schaubild).
- Der im Osten wirksame Teil der Nachfrage steigt tendenziell und dürfte bei etwa 50 Prozent liegen.
- In dem Maße, in dem es gelingt, die endogenen Produktivkräfte in den Neuen Bundesländern zu stärken, wird die Importabhängigkeit verringert und Spielraum für mehr binnenwirtschaftliches Wachstum und mehr Beschäftigung geschaffen.

Wie sich ein Nachfrageimpuls regional verteilt
Ein Rechenbeispiel in Mio DM für die Neuen Bundesländer, 1992

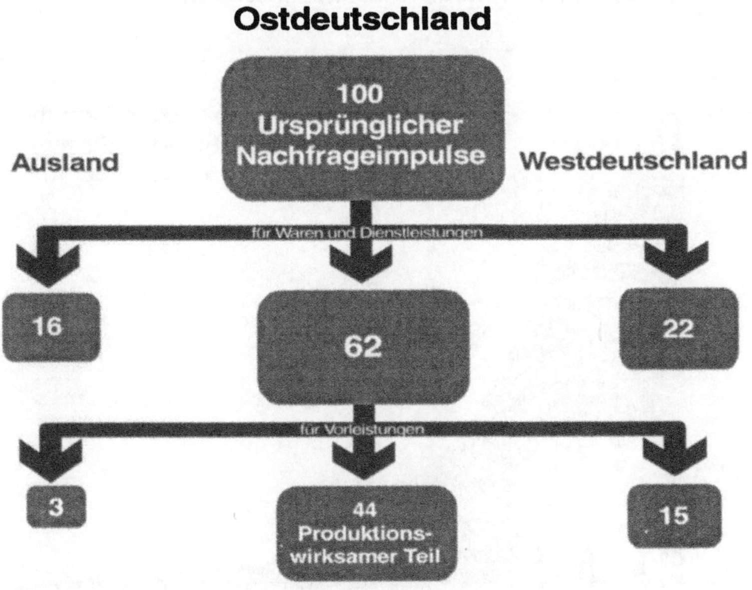

Renate Filip-Köhn und Reiner Stäglin (DIW, Berlin), in: IAB Kurzbericht, Nr. 13, 1994

Schaubild 4:

Treuhand: Privatisierung vor Abschluß

Privatisierte Betriebe ökonomisch stabilisiert, aber noch Beschäftigungsabbau

- Nach vier Jahren Privatisierung waren von den 3,5 Mio Beschäftigten am 01. Juli 1990 im Frühjahr 1994 noch 5 Prozent in Treuhandunternehmen tätig. Knapp 1 Mio sind in vollständig privatisierten Betrieben beschäftigt, weitere 400.000 in ausgegründeten Unternehmensteilen.
- Bis Ende 1994 wollen Treuhandfirmen 20.000, privatisierte Firmen 59.000 Beschäftigte abbauen.
- Für die Hälfte aller Arbeitsplatzzusagen privatisierter Betriebe gilt, daß am 01.04.1994 die Beschäftigungen insgesamt etwas höher waren als die Zusagen bei der Privatisierung.
- Bei der Entlohnung haben Treuhand- und privatisierte Firmen zwei Drittel, beim Umsatz je Beschäftigten vier Fünftel und bei der Bruttowertschöpfung pro Kopf 68 Prozent des Westniveaus erreicht. Der Angleichungsprozeß bei den Lohnstückkosten ist also vorangekommen.
- Wirtschaftliche Stabilisierung zeigt sich auch bei den Investitionen: mit gut 13 Mrd. DM investierten privatisierte Firmen deutlich über die Hälfte der ostdeutschen Investitionen im verarbeitenden Gewerbe.

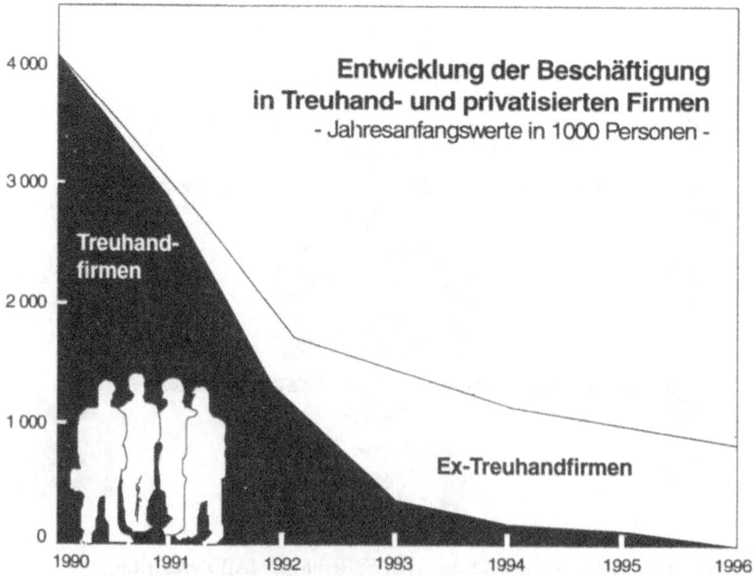

Jürgen Kühl, in : IAB Kurzbericht, Nr. 12, 1994

Schaubild 5:

Zur Entwicklung des Arbeitsmarktes im Bundesgebiet Ost
September 1990 bis Oktober 1994

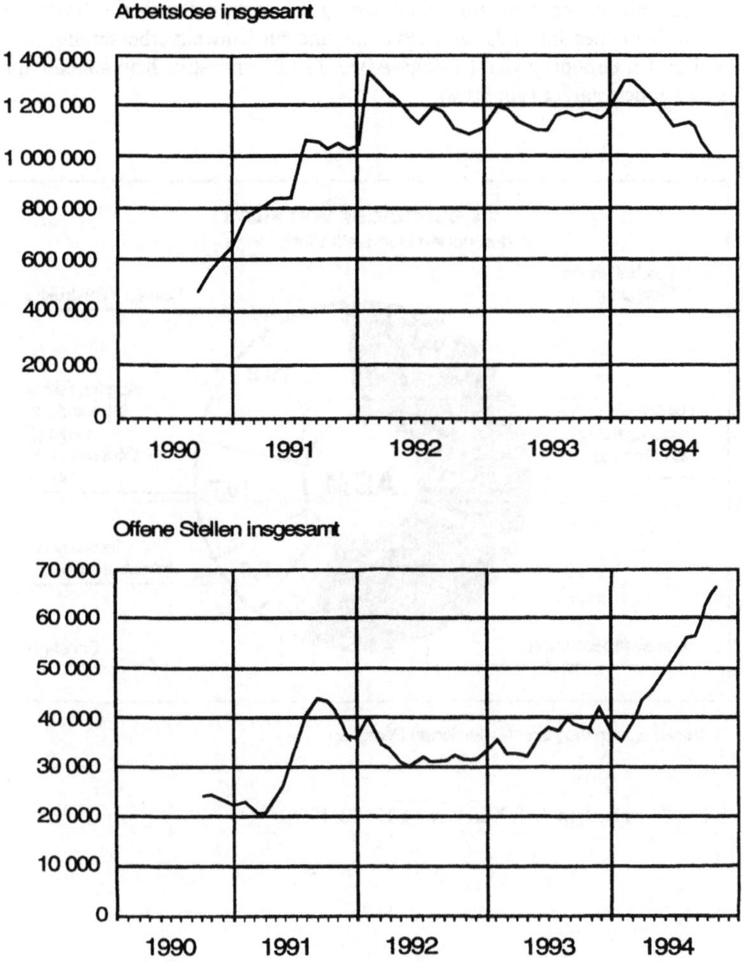

Quelle: Stl Vor

Schaubild 6:

Allgemeine Maßnahmen zur Arbeitsbeschaffung (ABM) sind in hohem Maße investiv

- In den neuen Bundesländern werden ABM in beachtlichem Umfang zur Verbesserung von Infrastruktur und Umwelt eingesetzt.
- Gut die Hälfte aller geförderten Aktivitäten sind im engeren Sinne investiv, nämlich Maßnahmen zur Verbesserung der wirtschaftsnahen Infrastruktur, zur baulichen Instandsetzung/Planung und zur Umweltverbesserung.
- Bei den Großprojekten („Mega-ABM") ist die investive Komponente noch erheblich stärker (gut 90%).

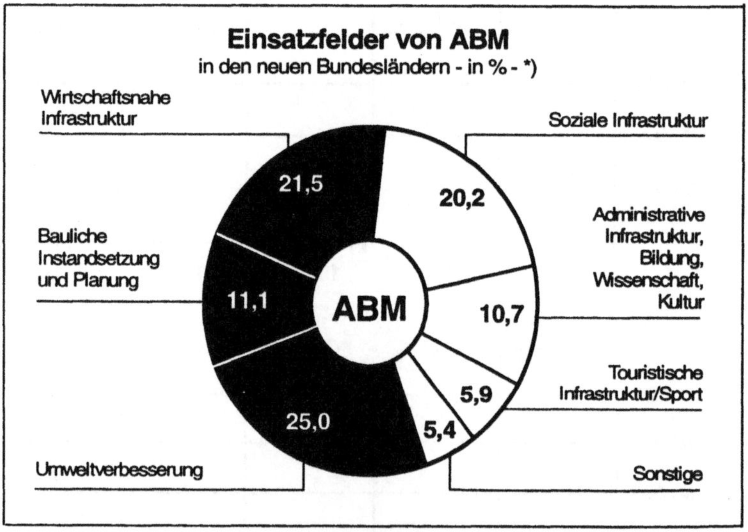

*) Anteile an den insgesamt geförderten Personen

Eugen Spitznagel, in: IAB Kurzbericht, Nr. 12, 1994

Schaubild 7:

Qualifizierungsbereitschaft bei ABM-Beschäftigten hoch

Gut ein Drittel bildet sich in ABM weiter
- Ergebnisse einer Erhebung vom Frühjahr 1993 -

- In Arbeitsbeschaffungsmaßnahmen (ABM) gibt es unter den Beschäftigten eine hohe Bereitschaft zur Weiterbildung: 45 Prozent aller Befragten würden an einer Weiterbildung teilnehmen. Tatsächlich sind 37 Prozent der ABM-Beschäftigten in Weiterbildungsaktivitäten einbezogen.
- Die Weiterbildung erfolgt zu 67 Prozent im Rahmen der Maßnahmen selbst, nur selten vor Maßnahmebeginn oder nach Abschluß der Maßnahme (vgl. Graphik).
- In der inhaltlichen Struktur der Weiterbildung dominiert neben allgemeiner Orientierung Weiterbildung auf dem Gebiet neuer Technik, gefolgt von Umschulung und der Vermittlung betriebswirtschaftlich-kaufmännischer Kenntnisse. Drei Viertel der Teilnehmer meinen, daß ihre Weiterbildung für die ABM-Tätigkeit selbst notwendig sei.
- Die Möglichkeit, in Verbindung mit AB-Maßnahmen Weiterbildung zu betreiben, wird - abhängig auch vom Tätigkeitsfeld und Qualifikationsniveau der Teilnehmer - bei verschiedenen Maßnahmeträgern unterschiedlich genutzt.
- Zwei Drittel der ABM-Beschäftigten mit Weiterbildung gehen davon aus, daß sich durch diese Qualifizierung ihre Beschäftigungschancen verbessern lassen. Frauen sind allerdings deutlich skeptischer als Männer.

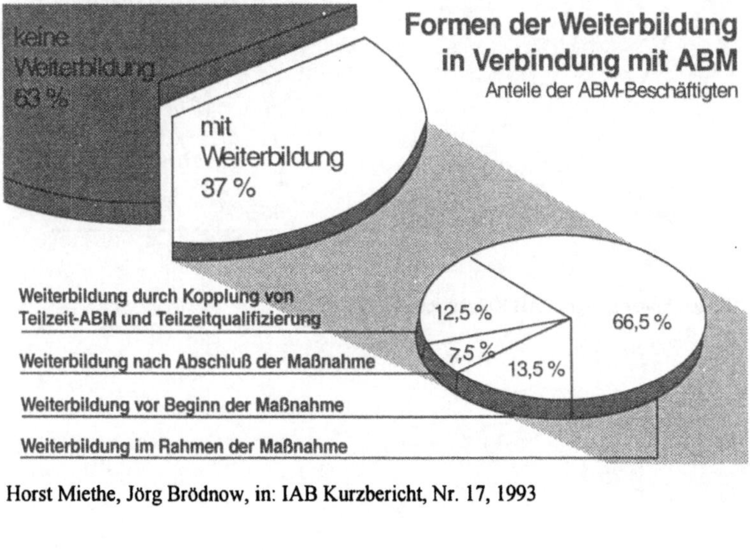

Horst Miethe, Jörg Brödnow, in: IAB Kurzbericht, Nr. 17, 1993

Schaubild 8:

Eine Brücke, über die man weiterkommt

Nach Allgemeinen Maßnahmen zur Arbeitsbeschaffung (ABM) gelingt vielen der Sprung in „normale" Beschäftigung - Bereits hohe Mobilitätsanreize vorhanden

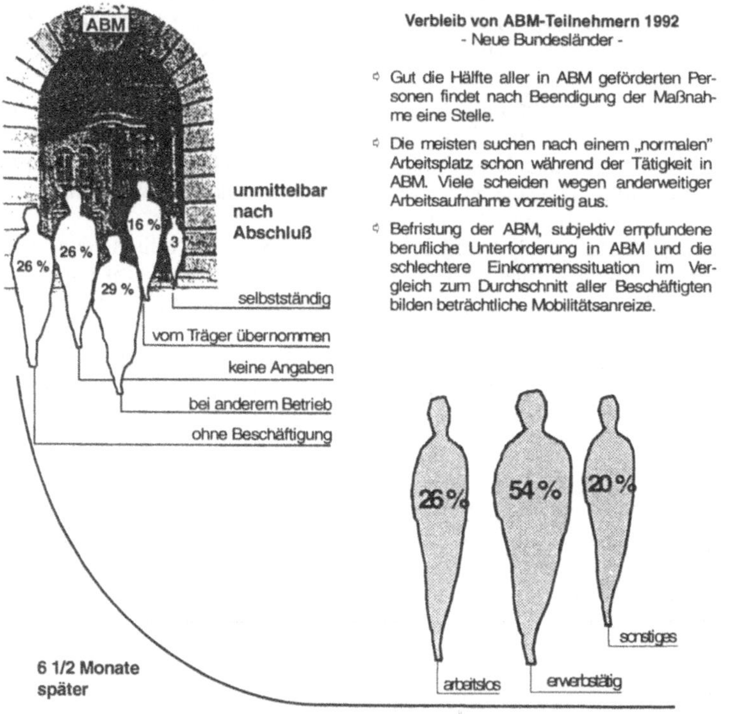

Eugen Spitznagel, in: IAB Kurzbericht, Nr. 18, 1993

Schaubild 9:

Auffangbecken und Hoffnungsträger

Beschäftigungsgesellschaften (ABS) in den Neuen Bundesländern

- Ende 1993 gab es knapp 400 Beschäftigungsgesellschaften (ABS) mit rund 110.000 Teilnehmern. Dies ergab eine Umfrage des IAB bei Trägergesellschaften.
- Der größte Teil der ABS-Teilnehmer (90.000) war in ABM oder Maßnahmen nach § 249h des Arbeitsförderungsgesetzes beschäftigt.
- Alle weiteren Strukturinformationen in diesem Kurzbericht stammen aus der letzten flächendeckenden Erhebung des IAB vom November '92 (Arbeitsmarkt-Monitor). Nach Alter, Geschlecht, beruflicher Qualifikation und subjektivem Gesundheitszustand gab es zu diesem Zeitpunkt nur geringfügige Unterschiede zwischen ABS-Teilnehmern und Erwerbstätigen insgesamt.
- Für viele ist die Teilnahme an einer solchen Maßnahme das Sprungbrett in ein „normales" Arbeitsverhältnis (vgl. Graphik).

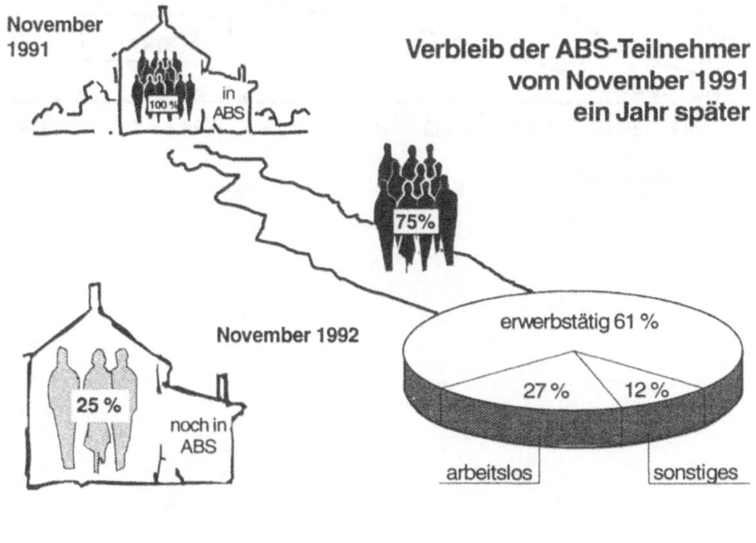

Ch. Brinkmann, K. Hiller, M. Otto, in: IAB Kurzbericht, Nr. 1, 1994

Schaubild 10:

Zahl der Personen, die mit Lohnkostenzuschüssen nach § 249h AFG gefördert werden, darunter Frauen,
in Tausend, April 1993 bis September 1994

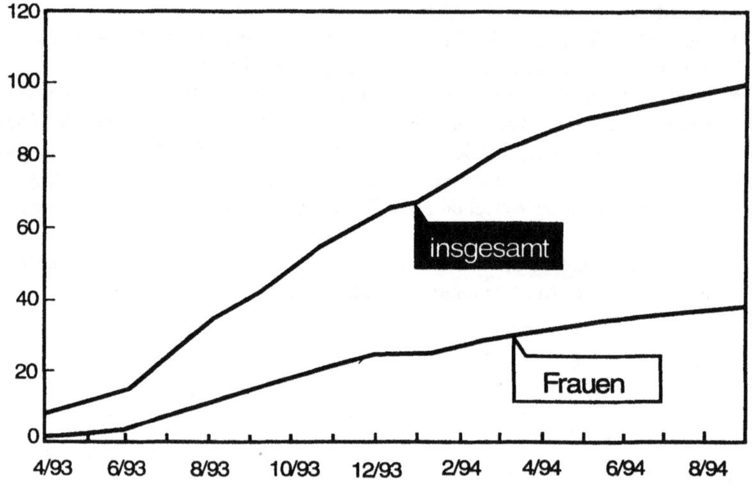

Quelle: Statistik der BA

Schaubild 11:

Zahl der Personen, die mit Lohnkostenzuschüssen nach § 249h AFG gefördert wurden

in Tausend, Mai 1993 bis September 1994

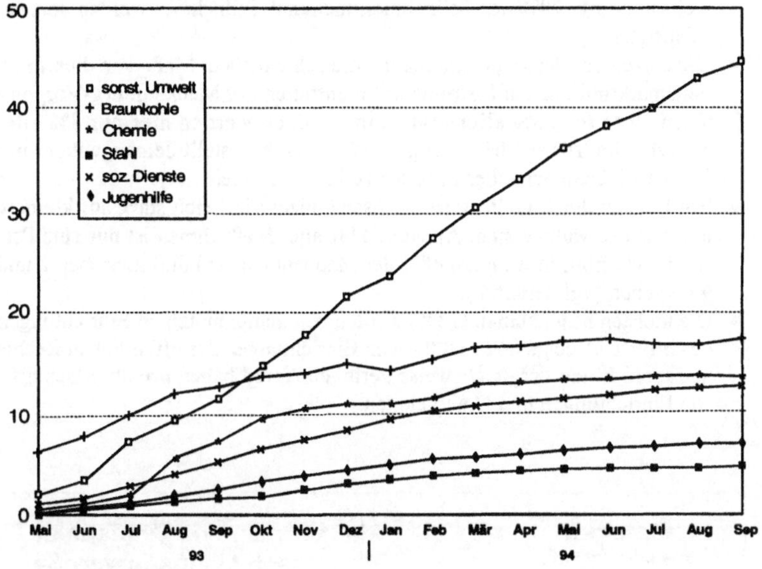

Quelle: Statistik der BA

Schaubild 12:

Lohnkostenzuschüsse nach § 249h AFG
- Eine Zwischenbilanz -
Teil I: Maßnahme- und Trägerstrukturen

- Maßnahmen nach § 249h haben ihren Schwerpunkt im Bereich der Umweltsanierung. 79% der Teilnehmerinnen und Teilnehmer werden dort beschäftigt.
- Die einzelnen Länder profitieren in unterschiedlichem Maße von diesem arbeitsmarktpolitischen Instrument: So entfallen auf Mecklenburg-Vorpommern zwar rd. 16% aller Maßnahmen, doch werden hier nur 8% aller § 249h- Geförderten beschäftigt. Sachsen-Anhalt stellt demgegenüber nur 8% der Maßnahmen, aber 27% der Teilnehmer/innen.
- Ein Einsatz der Lohnkostenzuschüsse konzentriert sich stark auf kleinere und Kleinst-Maßnahmen. Allein in 41% aller Maßnahmen ist nur eine Person beschäftigt, in weiteren 48% der Maßnahmen sind dies zwischen 2 und 9 Personen (vgl. Graphik).
- Die meisten Maßnahmen (73%) werden von gemeinnützigen Einrichtungen des privaten Rechts und rd. 20% von Einrichtungen des öffentlichen Rechts getragen. Einen vergleichsweise geringen Anteil haben privatwirtschaftliche Einrichtungen und Unternehmen.

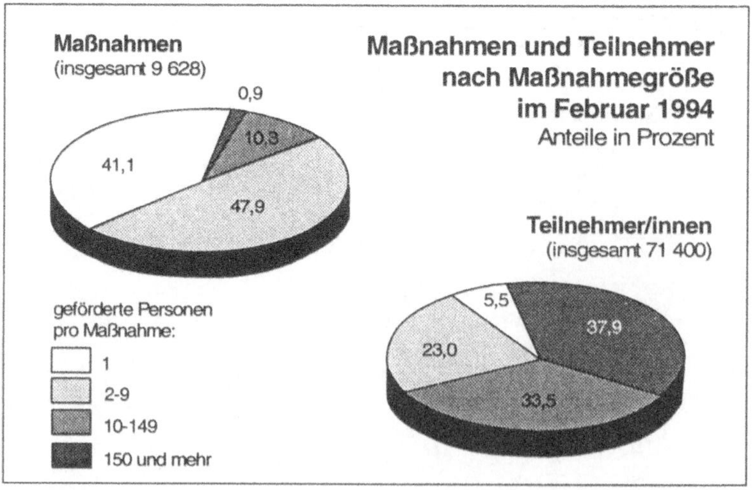

Claudia Wolfinger, in: IAB Kurzbericht, Nr. 10, 1994

Toni Hahn

Verläufe und Verarbeitung von Arbeitslosigkeit in den neuen Bundesländern

Der Gegenstand folgender Ausführungen ist in zweifacher Richtung mit dem Thema der Tagung, „Transformationsprozesse in Deutschland", verknüpft:

- Zum einen modifizieren im Bundesgebiet Ost die hinter dem Terminus „Transformation" stehenden besonderen historischen Umstände und Widersprüche, Kontinuitäten und Brüche in ganz entscheidendem Maße das, was aus den alten Bundesländern hinsichtlich Struktur, gesellschaftlicher wie individueller Bewältigung und Verlauf von Arbeitslosigkeit bekannt ist.
- Zum anderen erweist sich die Entwicklung des Massenphänomens Arbeitslosigkeit als eine der Erscheinungen, als einer der Indikatoren, an denen zu messen ist, wie der Transformationsprozeß in Ostdeutschland und in Gesamtdeutschland bewältigt wird, wo er hinsteuert.

Es sollen einige empirische Analyseergebnisse dargestellt werden, die sich in diesen doppelten Zusammenhang einordnen lassen. Dies sind vorläufige Ergebnisse. Denn es handelt sich um eine mehrjährige Paneluntersuchung, die frühestens nach vier Erhebungen endgültig verallgemeinernde Aussagen zuläßt. Bisher sind drei Wellen gelaufen, deren dritte vom Sommer 94 erst am Beginn der Auswertung steht.

Mit der1992 begonnenen repräsentativen Erhebung im Landesarbeitsamtsbezirk (Ost)Berlin und Brandenburg werden Personen, die bei Eintritt in die Panelerhebung arbeitslos waren, jährlich befragt (Ehrhardt/Hahn 1993). Eine kleinere Teilstichprobe aus Ostberlin ist bereits seit 4 Jahren an der Untersuchung beteiligt; also fast seit dem Nullpunkt registrierter ostdeutscher Arbeitslosigkeit (Hahn/Ehrhardt 1990). Bei ihnen wurde bereits die 6.Welle realisiert. Die Stichproben seit 1992 umfassen insgesamt jeweils etwa 1800 Personen, einschließlich einer Kontrollgruppe Erwerbstätiger, die noch nie arbeitslos waren (immer neu gezogen, nicht im Panel) und einer Partnerstichprobe. Letztere erfaßt Lebenspartner der ehemals, noch oder wieder Arbeitslosen. Sie werden mit einem gesonderten Fragebogen ebenfalls jährlich befragt. Dies hat im Untersuchungskonzept einen besonderen Stellenwert. Denn Arbeitslosigkeit zeigt nicht nur deutliche Wirkung auf Familie, Kinder, Partnerschaft, Haushaltslage (Landua 1991), sondern die Partnererwerbssituation und Partnerhaltung, die Familienatmosphäre beeinflussen ihrerseits auch individuelles Verarbeiten und Verhalten in der für Ostdeutsche völlig neuen Lage und in gewissem Maße auch den tatsächlichen Verlauf von Arbeitslosigkeit (Beckmann/Bender 1993).

Die Ergebnisdarstellung wird auf vier Komplexe begrenzt:

1. Wie sieht die Struktur ostdeutscher Arbeitslosigkeit aus, die sich exemplarisch auch in unserer Stichprobe zeigt? Welches sind die Gemeinsamkeiten und Unterschiede zum Bundesgebiet West und welche Bedeutung haben soziodemographische Strukturmerkmale für unterschiedliche Erwerbsverläufe nach Eintritt in Arbeitslosigkeit?
2. Wie sind diese Verläufe in die im Osten entstehenden neuen sozialen Ungleichheitsstrukturen eingeordnet? Bedeutet Betroffensein und Betroffenbleiben durch Arbeitslosigkeit automatisch Marginalisierung, Abdriften in soziale Problemlagen?
3. Wie wirkt Arbeitslosigkeit auf Bewußtseinslagen und welchen Einfluß haben subjektive Handlungsressourcen, haben unterschiedliche Formen individuellen Umgangs mit Arbeitslosigkeit auf deren Verlauf, auf erfolgreiche Wiedereinstiege in das Erwerbsleben bzw. auf dauerhaften Verbleib in Erwerbslosigkeit?

4. Zusammenfassend: was determiniert die weiteren Erwerbsverläufe Arbeitsloser, warum schaffen es die einen, andere nicht?

1. Die Struktur ostdeutscher Arbeitslosigkeit

Die *Struktur von Arbeitslosigkeit insgesamt* (insbesondere nach Geschlecht, Alter, Qualifikation) unterscheidet sich *wesentlich* zwischen alten und neuen Bundesländern (ANBA 1994). Das betrifft insbesondere den höheren Frauenanteil, niedrigere Anteile Älterer und Alleinlebender, durchschnittlich höheres Bildungs- und Qualifikationsniveau im Osten (Tabelle 1).

Tabelle 1: Vergleich ausgewählter Strukturmerkmale Arbeitsloser in den Bundesgebieten Ost und West, Sept. 1993. Angaben jeweils in Spaltenprozent (Statistische Erhebungen der Bundesanstalt für Arbeit)

	Ost	West
Frauen	65	47
Männer	35	53
ohne Abschl./Teil-Facharbeiter	23	48
Facharbeiter	64	47
Fach/Hochschule	13	5
Bis 30 Jahre	25	29
31-44 Jahre	41	32
41-54 Jahre	27	18
55 Jahre und älter	8	21

Gleichzeitig ist der Trend unübersehbar, daß sich die *Struktur von Langzeitarbeitslosigkeit annähert*, daß sich das Risiko langfristigen Verbleibs ähnlich wie im Westen bei bestimmten Gruppen konzentriert (ANBA 1993; Brinkmann/Wiedemann 1994). Bekannt sind aus dem Westen: überproportionaler Anteil Niedrigqualifizierter, Älterer, gesundheitlich beinträchtigter und alleinlebender Personen. Im Erwerbsverlaufspanel finden sich diese Strukturen wieder (Tabelle 2).

Tabelle 2: Strukturmerkmale Arbeitsloser nach Verbleibdauer. Angaben in Spaltenprozent (Erwerbsverlaufspanel Ost-Berlin/Ld. Brandenburg)

	Monate			
	1-5	6-11	12-23	<23
Geschlecht:				
Frauen	60	63	61	70
Männer	40	37	39	30
Qualifikation:				
ohneAbschl./Teil-FA	08	08	23	24
Facharbeiter	58	67	51	55
Fachsch./Meister/Techn.	16	19	23	13
Hochschule	18	06	03	08
Alter:				
bis 25 Jahre	11	15	08	05
25 - 30 Jahre	18	18	17	09
31 - 40 Jahre	40	29	25	33
41 - 50 Jahre	18	24	28	24
über 50 Jahre	13	15	22	29
Familiensituation:				
m.Partner, o.Kind	26	30	34	33
m.Partner, m.Kind	46	42	25	22
alleinlebend	20	19	30	36
alleinerziehend	08	09	11	09
Gesundheit:				
unzufrieden	14	13	16	36
mittelmäßig	15	18	17	11
zufrieden	71	69	67	53

Aber:

– Erstens gilt das nur als Tendenz, die mittelfristig noch keine Angleichung erwarten läßt. Im Gegenteil. Zunächst einmal könnte sich die begonnene Angleichung durch Auslaufen arbeitsmarktentlastender Maßnahmen wie ABM und FuU mindern. In ihnen wurden regional differenziert, aber ingesamt überproportional qualifiziertere Personen aufgefangen, in FuU zudem vor allem Jüngere. Nach Abschluß der Maßnahmen dürften zum großen Teil keine Arbeitsplätze vorhanden,

Übergang in Arbeitslosigkeit und auch in Langzeitarbeitslosigkeit unvermeidlich sein.

- Zweitens gilt die bisher erkennbare Angleichung der Struktur von Langzeitarbeitslosigkeit namentlich für Männer, weniger jedoch für Frauen. Langzeitarbeitslose Frauen zeigen z.B. nicht annähernd so häufig wie langzeitarbeitslose Männer gesundheitliche Beeinträchtigungen (Tabelle 3). Ganz ähnliche Befunde erbringen übrigens sowohl das SOEP-Ost als auch der Arbeitsmarkt Monitor für die neuen Bundesländer.

Tabelle 3: Gesundheitliche Beeinträchtigung als Ursache bisherigen Verbleibs in Arbeitslosigkeit - Bejahung durch arbeitslose Frauen und Männer mit unterschiedlicher Verbleibdauer (Prozent)
(Erwerbsverlaufspanel Ost-Berlin / Ld.Brandenburg, Sommer 93, Sommer 94)

		1-11 Mon.	12-23 Mon.	24 u.m. Mon.
1993	Frauen	05	11	19
	Männer	10	33	41
1994	Frauen	14	19	20
	Männer	08	27	39

Ostdeutsche Frauen sind weitgehend unabhängig von den aus dem Westen bekannten und tendenziell auch für ostdeutsche Männer zutreffenden Risikofaktoren von längerwährender oder dauerhaft erzwungener Erwerbslosigkeit betroffen.

Unter den Langzeitarbeitslosen, besonders wenn sie Frauen sind, gibt es gegenwärtig und wird es demnächst noch ausgeprägter einen hohen Anteil qualifierter, hochleistungsfähiger und motivierter, anhaltend erwerbsorientierter, auch flexibler Personen geben.

Hinsichtlich der *finanziell-materiellen Lage* ist gleichzeitig zu beachten, daß im Osten aufgrund der häufigeren Doppelerwerbsbeteiligung von Paaren für einen weitaus größeren Teil Langzeitarbeitsloser als im Westen die ausgleichende Rolle von Partnereinkommen im Haushalt dämpfend wirkt.

So zeichnet sich eine *Polarisierung* innerhalb der Gruppe Langzeitarbeitsloser ab - sowohl auf der Ebene objektiver Lagemerkmale als auch hinsichtlich vieler subjektiver Befindlichkeiten. Ein Teil Langzeitarbeitsloser gerät in prekäre Einkommensverhältnisse, ein anderer Teil sieht sich durchaus materiell abgesichert - sofern im Haushalt ein der Familiengröße angemessenes Erwerbseinkommen existiert. Für einen Teil ist die erzwungene Beschäftigungslosigkeit mit starkem Verlustempfinden verbunden, für andere ist sie zumindest teilweise verkraftbar.

2. Arbeitslosigkeit - eine für den Osten neue soziale Ungleichheitsdimension?

Wie nicht anders zu erwarten, ist der *Zustand* „Arbeitslosigkeit" für sich genommen zunächst einmal nur bedingt relevant im Zusammenhang mit Ungleichheitsstrukturen. So wirken Bildung und Qualifikation hinsichtlich vieler Lagemerkmale sichtbar stärker differenzierend als der Erwerbstatus. Das betrifft z.B. das Haushaltseinkommen pro Kopf und die Wohnverhältnisse

Aber der *Prozeß, der Verlauf* von Arbeitslosigkeit steht in doppelter Hinsicht in einem signifikanten Zusammenhang mit sozialen Ungleichheiten:

a) vorhandene andere Ungleichheiten, wie etwa die zwischen den Geschlechtern, äußern sich in unterschiedlichen Chancen bzw. Risiken eines positiven oder negativen Erwerbsverlaufs nach Eintritt in Arbeitslosigkeit;
b) langfristiger Verbleib in Arbeitslosigkeit wird angesichts der Massenhaftigkeit derartiger Ereignisabläufe und unter Voraussetzung des Fehlens intervenierender Faktoren (wie etwa günstige Erwerbs- und Einkommenssituation des Lebenspartners) zu einer der wesentlichen neuen sozialen Ungleichheitsquellen im Beitrittsgebiet (Berger/Schultz 1994; Landua/Habich 1994). Sie vereint Teile von Gruppen, die ansonsten gerade erst auseinanderzudriften beginnen (insbesondere auf der Achse Qualifikation, Arbeitsfunktion, Leistungsfähigkeit). Für einen beträchtlichen Teil Langzeitarbeitsloser gilt, daß sie in Einkommensarmut (Hanesch 1994) übergehen. (Abbildung 1). Namentlich bei Dauer- und bei Doppelarbeits-

losigkeit sind finanzielle Probleme, wie Verzug mit Ratenzahlungen und Schuldenmachen, besonders häufig (Abbildung 2).

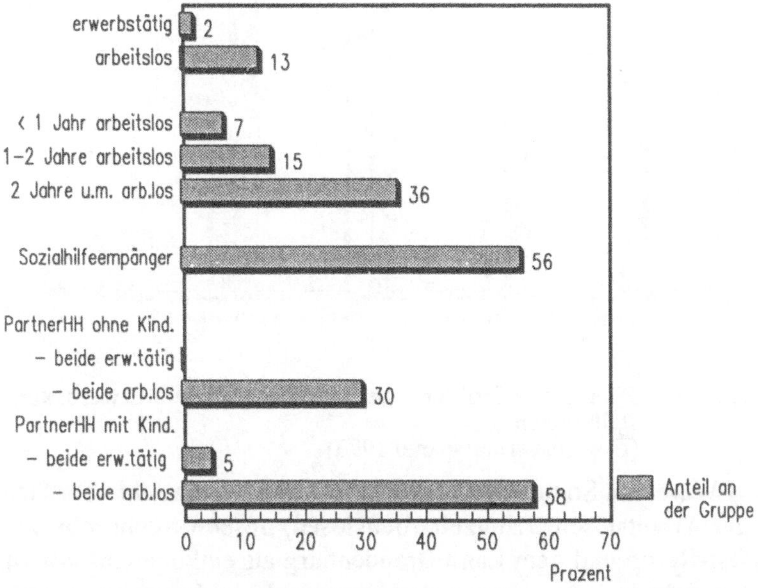

Abb. 1: Einkommensarmut
Definition: 50% oder weniger des im Bundesgebiet Ost durchschnittlich verfügbaren bedarfsgewichteten Haushalteinkommens/pro Kopf - lt. Wohlfahrtsurvey 1993 (Erwerbsverlaufspanel 1993)

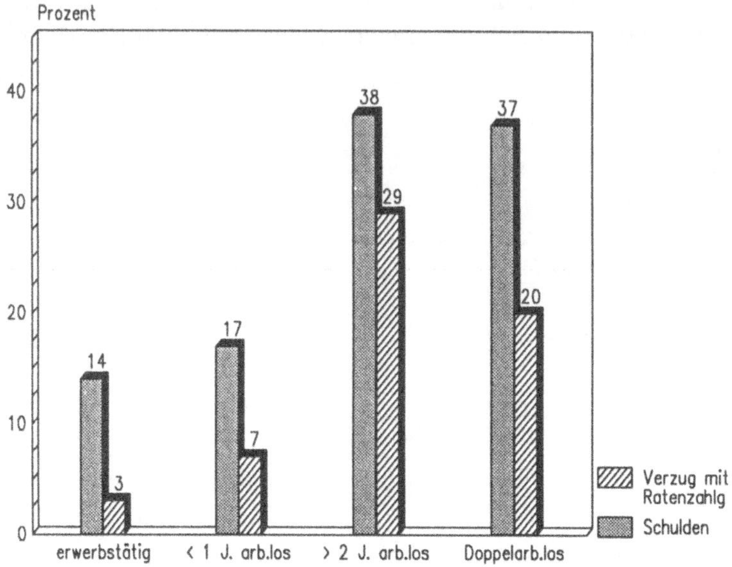

Abb. 2: Finanzielle Probleme bei unterschiedlichen Erwerbskonstellationen (Erwerbsverlaufspanel 1993)

Waren im Sommer '93 fast ein Viertel aller ein Jahr oder länger Arbeitslosen (Langzeitarbeitslosen) unserer Stichprobe aus Ost-Berlin und dem Land Brandenburg als einkommensarm zu bezeichnen, darunter von den Dauerarblosen (zwei Jahre u.m. ohne Erwerbsarbeit) aber fast 40 Prozent und bei Doppelarbeitslosigkeit im Haushalt fast 60 Prozent, so dürften es ein Jahr später noch mehr sein (hier liegt uns die statistische Vergleichsbasis der durchschnittlichen äquivalenzgewichteten Pro-Kopf-Haushalteinkommen im Bundesgebiet Ost für den Erhebungszeitpunkt noch nicht vor). Jedenfalls ist der Anteil von Sozialhilfeempfängern an den Arbeitslosen insgesamt in diesem einen Jahr von 6 auf 8 Prozent gestiegen, der an den Langzeitarbeitslosen von 14 auf 16 Prozent. Die Erwartung, demnächst auf Sozialhilfe angewiesen sein zu müssen, variiert bei Arbeitslosen in Abhängigkeit vom Bildungs- und Qualifikationsniveau. Sie wird besonders häufig von Niedrigqualifizierten artikuliert. Mit zunehmender Verbleibdauer in Arbeitslosigkeit sind es jedoch auch immer mehr Personen mit Fach- und Hochschulabschluß, die mit einer derartigen Lage rechnen.

Langzeitarbeitslosigkeit ist gegenwärtig insgesamt die entscheidende Ursache für Einkommensarmut in den neuen Bundesländern. Das läßt natürlich nicht den Umkehrschluß zu, daß Langzeitarbeitslosigkeit generell Übergang in eine soziale Problemgruppe mit unterdurchschnittlicher Partizipation an den Möglichkeiten zur Befriedigung wesentlicher Lebensbedürfnisse bedeutet. Für viele Alleinlebende und für die meisten Alleinerziehenden gilt das aber mit großer Wahrscheinlichkeit, für viele Partnerhaushalte mit mehreren Kindern ebenfalls.

3. Subjektive Befindlichkeiten unter dem Einfluß von Arbeitslosigkeit und die Rolle individueller Einstellungen für Bewältigung und Verlauf von Arbeitslosigkeit

3.1 Verändert Arbeitslosigkeit Bewußtseinslagen?

Zwei Sachverhalte sind zunächst in Rechnung zu stellen:

Erstens: Ostdeutsche Biographien und das Erleben eines radikalen Systemwechsels bedingen psychische Besondertheiten individuellen Verarbeitens von Arbeitslosigkeit im Osten (Kieselbach/Voigt 1992; Brinkmann/Wiedemann 1994; Kronauer/Vogel 1994).

Zweitens: Nicht der Erwerbsstatus für sich allein, sondern wiederum der Erwerbsverlauf ist relevant für die Entwicklung von *Kontrollüberzeugungen und Wertorientierungen*, von *Erwartungen, Einstellungen*, auch von *Zufriedenheiten* mit vielen Lebensbereichen.

Je länger die Arbeitslosigkeit anhält und je häufiger Mißerfolge und Enttäuschungen sind, sei es, daß nur vorübergehende Unterbrechungen durch FuU, ABM, einen Job gelingen, sei es, was für ca. ein Drittel aller Arbeitslosen inzwischen gilt, daß trotz intensiver Bemühungen nicht einmal kurzfristiger Ausstieg aus Arbeitslosigkeit möglich ist, desto mehr nimmt bei der Mehrheit Betroffener das Gefühl von Fremdbestimmtsein und Ausgegrenztheit zu, Sorgen und Zukunftspessimismus steigen. Wenn die allgemeine Lebenszufriedenheit bei positivem Erwerbsverlauf von Welle zu Welle sichtbar wächst, so stagniert sie bei anhaltendem Verbleib in Arbeitslosigkeit. Sie sinkt nicht, weil neben der eigenen Erwerbs- und Einkommenssituation viele andere, sich teils auch positiv entwickelnde Lebensbereiche für die allgemeine Zufriedenheit maßgeblich sind. Die Zufriedenheiten mit dem Einkommen und mit der sozialen Sicherheit sind hingegen besonders unmittelbar mit den Verlaufserfahrungen der Arbeitslosigkeit verbunden (Abbildung 3).

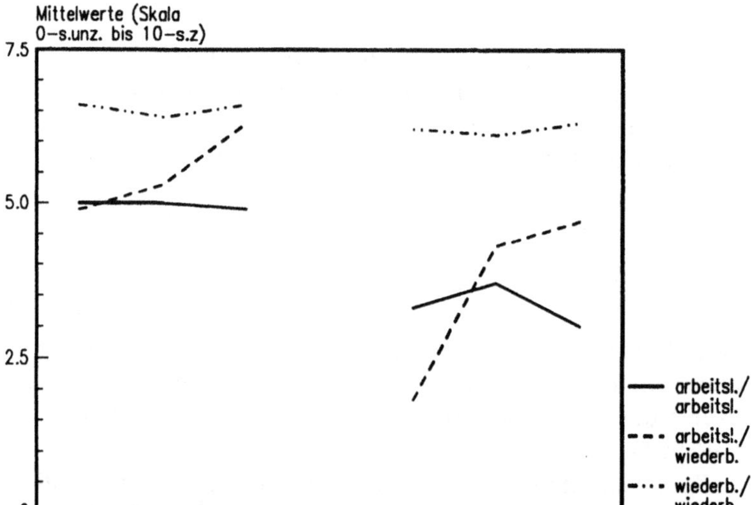

Abb. 3: Veränderung von Zufriedenheiten 1992 bis 1994 bei unterschiedlichen Erwerbsverläufen (bei andauernder Arbeitslosigkeit, vollzogenem Übergang von Arbeitslosigkeit in Wiederbeschäftigung, andauernder Wiederbeschäftigung) (Erwerbsverlaufspanel '92, '93, '94)

Es scheint, daß *Wertestrukturen* sehr stabil sind und wenig durch Erwerbsstatusveränderungen berührt sind. Allerdings ist längerfristige Beobachtung notwendig. Die Aufnahme eines in

West wie inzwischen auch in Ost vielfach angewendeten Instrumentes zur Erfassung von Wertorientierungen für das persönliche Leben (Klages/Gensicke 1992) in unserem Panel ermöglicht die Analyse möglichen Einflusses von Arbeitslosigkeit. Faktor- und Clusteranalysen ergeben teilweise vergleichbare Wertetypen, wie sie aus repräsentativen Bevölkerungsbefragungen gewonnen wurden (Gensicke 1994). Dominant (mit ca. 40 Prozent) bei Arbeitslosen wie Erwerbstätigen ist der Typus der Wertsynthese mit relativ hohen Wertausprägungen für alle Lebensziele. Einen ausgesprochen resignativen Typus mit durchgängig sehr niedrigen Wertausprägungen konnten wir nicht identifizieren. Unterschiedlich häufig finden sich bei verschiedenen Erwerbsgruppen ein eher materialistisch pflicht- und sicherheitsorientierter Typ, ein eher idealistisch pflicht- und sicherheitsorientierter Typ sowie ein stärker politisch und machtorientierter Typ und schließlich ein sehr seltener postmaterialistischer Typ. Allerdings steht hinter empirisch feststellbaren unterschiedlichen Verteilungen nicht der Erwerbsstatus als solcher, sondern die differenzierte Strukturiertheit der Erwerbsgruppen. Das Lebensalter hat dabei entgegen unserer Erwartung kaum Einfluß auf Wertestrukturen. Hochsignifikant ist hingegen der Zusammenhang zwischen Qualifikation und Wertetypen. Vergleicht man innerhalb gleicher Qualifikations- und Altersgruppen Personen mit unterschiedlichem Erwerbsstatus, so sind die Wertetypen bei Arbeitslosen und Erwerbstätigen nahezu gleichverteilt anzutreffen.

Politische Einstellungen, Parteiensympathien, auch Meinungen zu Ursachen der hohen Arbeitslosigkeit, Wirtschaft- und Gesellschaftsbilder werden nach unseren Befunden bisher *nicht* signifikant durch Erwerbsverläufe beeinflußt. Sie sind vorrangig von Bildung und Alter sowie von der gesamten Biographie abhängig. Die damit verbundene Art individuellen Erfahrens und Bewertens des allgemeinen Systemumbruchs modifiziert auch die Verarbeitung eigenen Erwerbsbruchs. So unterscheiden sich Arbeitslose und Erwerbstätige hinsichtlich Sympathie, Gleichgültigkeit oder ablehnender Haltung gegenüber Parteien keineswegs, sofern man jeweils bei gleichen Qualifikations- und Altersgruppen vergleicht. Nur unwesentlich variieren Einstellungen zu Parteien bei verschiedenen Erwerbsverläufen (Abbildungen 4 und 5).

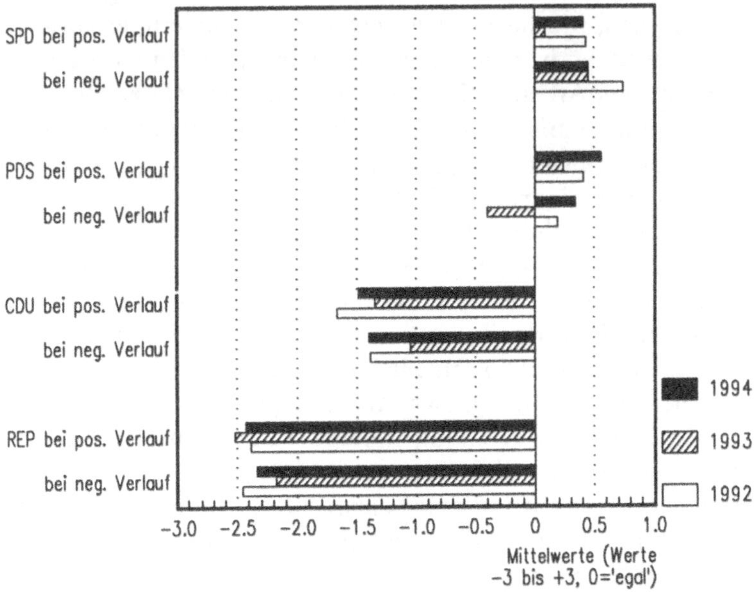

Abb.4: Veränderung/Stabilität der Einstellung zu ausgewählten Parteien 1992, 1993, 1994 bei positivem und negativem Erwerbsverlauf (Erwerbsverlaufspanel Ost-Berlin/Ld.Brandenburg)

Tendenziell deuten sich jedoch Wirkungen negativer Erwerbskarrieren auf gesellschaftspolitische Haltungen an. Langanhaltende Restriktionen, den eigenen Erwerbsverlauf beeinflussen zu können, scheinen sich zum Beispiel über einen längeren Zeitraum in der Beurteilung von gesellschaftlichen Ursachen und von Wegen zur Bekämpfung der Arbeitslosigkeit niederzuschlagen. Betrachtet man nur Facharbeiter, um den Qualifikationseffekt auszuschließen, so nimmt mit der Dauer der Arbeitslosigkeit die Häufigkeit der Meinung ab, die hohe Arbeitslosigkeit sei Folge der verfehlten Politik der Vergangenheit in der DDR (von 45 auf 35 Prozent). Die Vorgehensweise der Treuhand wird allerdings unabhängig von der Verbleibdauer durch zwei Drittel der arbeitslosen Facharbeiter für eine der Ursachen angesehen (in ähnlichen Größenordnungen auch durch andere Qualifikations- sowie Erwerbsgruppen).

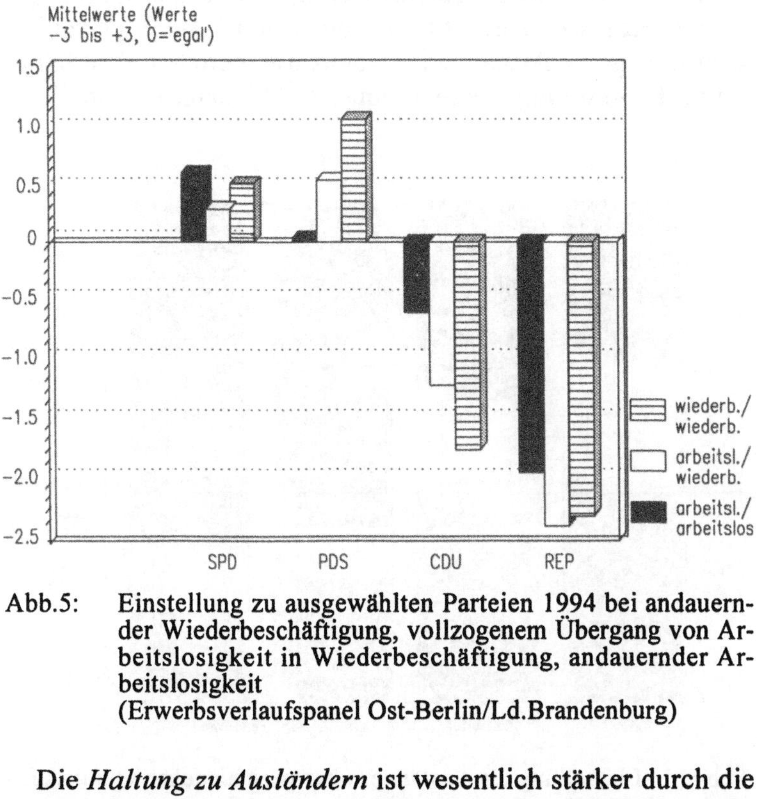

Abb.5: Einstellung zu ausgewählten Parteien 1994 bei andauernder Wiederbeschäftigung, vollzogenem Übergang von Arbeitslosigkeit in Wiederbeschäftigung, andauernder Arbeitslosigkeit
(Erwerbsverlaufspanel Ost-Berlin/Ld.Brandenburg)

Die *Haltung zu Ausländern* ist wesentlich stärker durch die Qualifikation als durch Erwerbsstatus und -verlauf bestimmt. Die Verknüpfung von Antworten zu zwei Fragen verdeutlicht das. Zum einen wurde gefragt, inwieweit 'die Akzeptanz des Zusammenlebens mit Ausländern' in der Gesellschaft durch Politik angestrebt werden sollte. Zum anderen ging es um die Meinung, ob zu den Wegen der Bekämpfung von Arbeitslosigkeit auch 'keine Beschäftigung ausländischer Arbeitskräfte' gehören könnte. Keineswegs läßt sich aus dem Vergleich des Antwortverhaltens in den bisherigen drei Befragungswellen eine Zunahme von Ausländerfeindlichkeit ableiten. Die Meinungen sind überwiegend stabil. Die Ablehnung von Zusammenleben mit Ausländern allgemein in der Gesellschaft ist durchgängig noch seltener als die Meinung, die Beschäftigung ausländischer Arbeitskräfte stünde einem Abbau der Arbeitslosigkeit entgegen. Ein nicht unerheblicher Teil der Befragten spricht sich für allgemeine Akzeptanz aus, ist aber gleichzeitig konkret gegen Beschäftigung von Ausländern. Arbeitslose vertreten nicht häufiger als Erwerbstätige diese Meinung (Abbildungen 6 und 7).

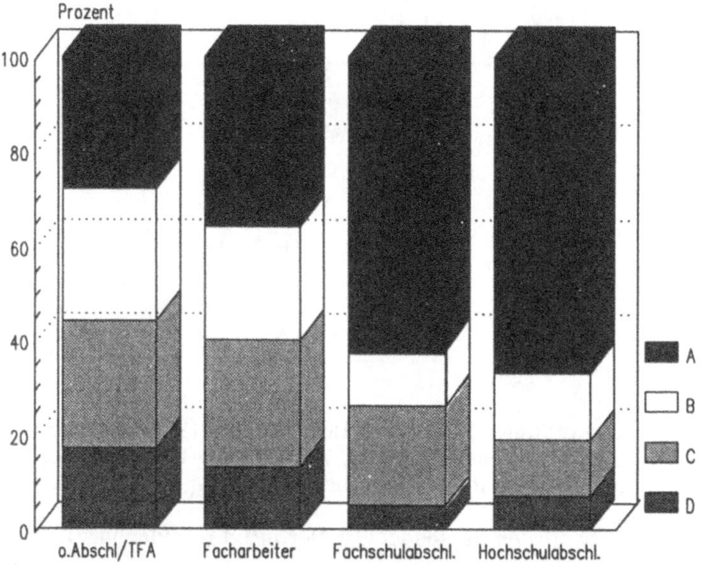

Abb 6: Einstellung zu Ausländern bei verschiedenen Qualifikationsgruppen (Erwerbsverlaufspanel Sommer 1994)

A - für allgemeine Akzeptanz, für ausländische Arbeitskräfte

B - für allgemeine Akzeptanz, gegen ausländische Arbeitskräfte

C - unentschieden

D - gegen allgemeine Akzeptanz, gegen ausländische Arbeitskräfte

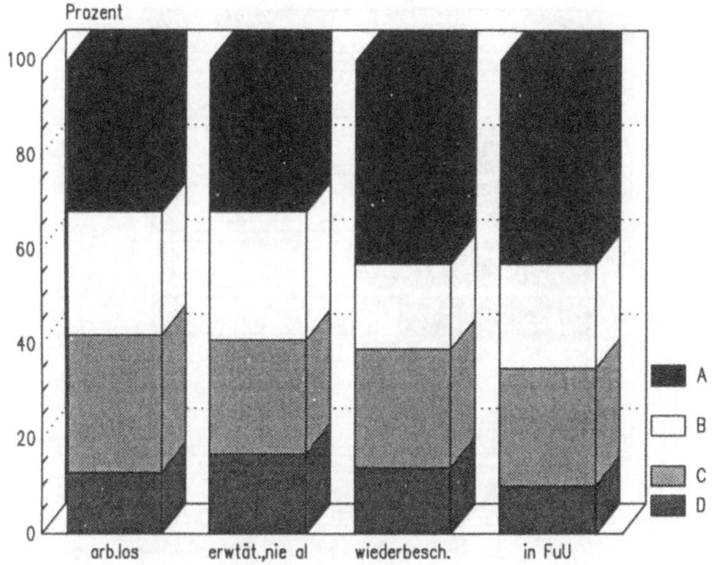

Abb.7: Einstellung zu Ausländern bei Facharbeitern mit verschiedenem Erwerbsstatus (Erwerbsverlaufspanel Sommer 1994)

A - für allgemeine Akzeptanz, für ausländische Arbeitskräfte
B - für allgemeine Akzeptanz, gegen ausländische Arbeitskräfte
C - unentschieden
D - gegen allgemeine Akzeptanz, gegen ausländische Arbeitskräfte

Schon jetzt sehr deutlich durch den Erwerbsstatus und namentlich durch den Erwerbsverlauf bestimmt ist die *Selbstverortung in der Oben-Unten-Hierarchie der Gesellschaft* (Abbildung 8).

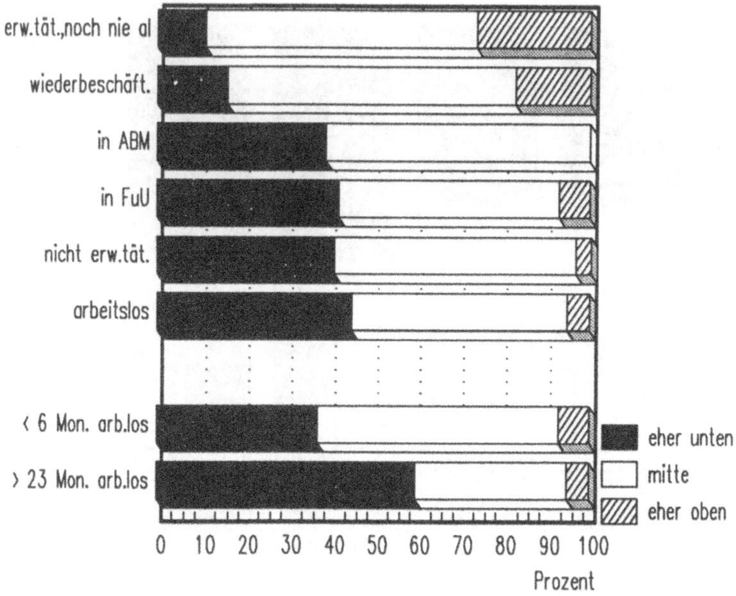

Abb. 8: Selbsteinordnung in die gegenwärtige Oben-Unten-Hierarchie der Gesellschaft - verschiedene Erwerbsgruppen im Sommer 1994 (Erwerbsverlaufspanel Ost-Berlin, Land Brandenburg, 3. Welle)

Selbst wenn man den modifizierenden Einfluß von Bildung und Qualifikation ausschließt, also nur innerhalb von Gruppen gleichen Niveaus vergleicht, sind die Unterschiede der Selbsteinordnung zwischen Erwerbsstätigen und Arbeitslosen bzw. zwischen Arbeitslosen mit unterschiedlicher Verbleibdauer hochsignifikant. Gegenüber 1993 hat sich bei den verschiedenen Erwerbsgruppen nur wenig geändert, sofern man beide Querschnitte vergleicht. Richtet man aber das Augenmerk auf Gruppen mit unterschiedlichem Erwerbsverlauf zwischen 1993 und 1994, so sind starke bzw. eher geringe Veränderungen in diesem einen Jahr, je nach Erwerbsverlaufstrend, unübersehbar (Abbildung 9).

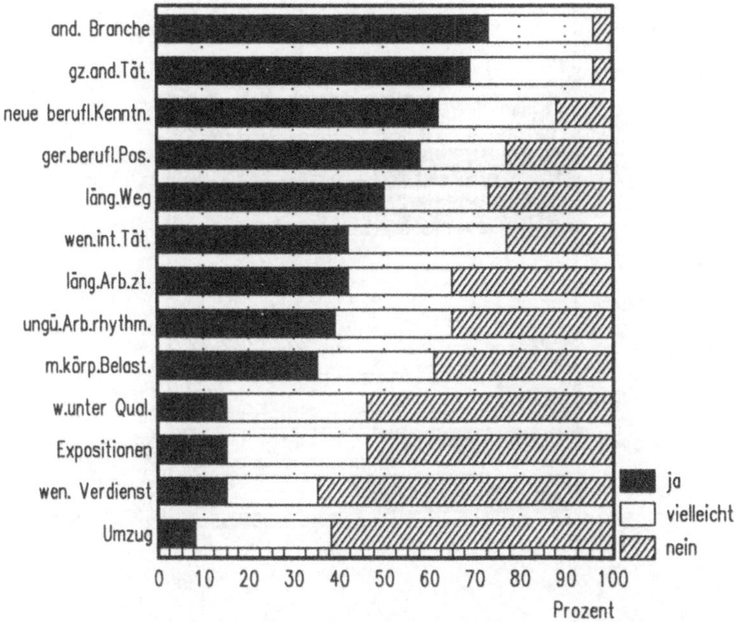

Abb. 9: Selbsteinordnung in die gegenwärtige Oben-Unten-Hierarchie der Gesellschaft 1993 und 1994 - Gruppen mit verschiedenen Erwerbsverläufen (Erwerbsverlaufspanel Ost-Berlin, Land Brandenburg, 3. und 4. Welle)

In besonderem Maße beeinflußt offensichtlich die prospektive Sicht weiterer Erwerbsentwicklung die aktuelle soziale Selbstverortung. Die Erwartung des Kommenden hat größeres differenzierendes Gewicht als der reale gegenwärtige Erwerbsstatus. Arbeitslose mit optimistischer Chancenbewertung sehen sich weitaus höher im Oben-Unten-Gefüge stehen als Erwerbstätige mit Sorgen um ihren Arbeitsplatz (Abbildung 10).

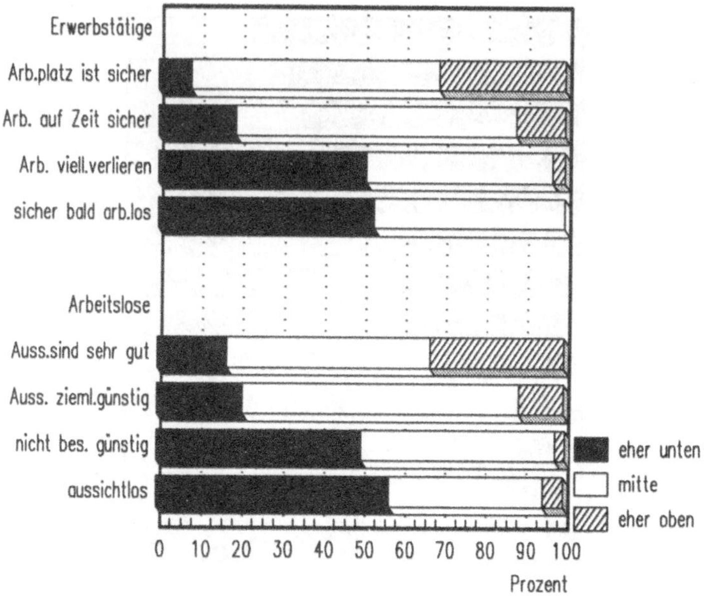

Abb. 10: Selbsteinordnung in die gegenwärtige Oben-Unten-Hierarchie der Gesellschaft - Erwerbstätige und Arbeitslose mit unterschiedlichen Bewertungen ihrer Arbeitsmarktchancen (Erwerbsverlaufspanel Ost-Berlin / Land Brandenburg, Sommer 1994)

3.2 Haben Bewußtseinslagen Einfluß auf den Verlauf von Arbeitslosigkeit?

Nicht nur die bisher dargestellte Determinantionsrichtung der Wirkung von Erwerbsposition und -perspektive auf Lagen und auf Befindlichkeiten ist nachweisbar!

Sowohl objektive Lagemerkmale (insbesondere die Familien- und Haushaltskonstellation) als auch subjektive Haltungen (der arbeitslosen Person selbst und des/der Lebenspartners/in) determinieren umgekehrt den Umgang mit Arbeitslosigkeit und in gewissen Grenzen auch den tatsächlichen Erwerbsverlauf.

Punktuelle Befunde hierzu:

- Mit Daten der 1. Panelwelle vom Sommer '92 wurden *Bewältigungstypen von Arbeitslosigkeit* gebildet. Sie sind gekennzeichnet durch unterschiedliche Maße von empfundener Integrierbarkeit der Arbeitslosigkeit und unterschiedliche Aktivitätsausprägungen.
  Diese Typen waren, wie sich mit weiteren Befragungswellen zeigt, anders verteilt bei Arbeitslosen, die 1993 oder 1994 den Wiedereinstieg geschafft hatten, und jenen, die in Arbeitslosigkeit verblieben sind. Später Wiederbeschäftigte hielten 1992 die erzwungene Beschäftigungsabstinenz noch seltener für zumindest zeitweilig in ihr Leben integrierbar als jene, die auch weiterhin aus dem Erwerbssystem ausgeschlossen blieben. Von Beginn ihrer Arbeitslosigkeit an entwickelten sie besonders große Aktivität bei der Arbeitssuche und zeigten noch höhere Konzessionsbereitschaft als die übrigen Arbeitslosen.
- Ähnliche Zusammenhänge lassen sich zwischen *Be- und Entlastungsempfinden bei Arbeitslosigkeit* und weiterem Erwerbsverlauf nachweisen. Vergleiche mit westdeutschen Erhebungen (Brinkmann 1984; Hess/Hartenstein/Smid 1991), die durch Anwendung einer identischen Indikatorenbatterie möglich wurden, zeigen insgesamt ganz ähnliche Rangfolgen und Profile der Be- bzw. Entlastungen, mit nur einigen in der Geschichte der DDR und in aktuellen spezifischen Rahmenbedingungen wurzelnden Besonderheiten. Diese betreffen namentlich die größere Häufigkeit, mit der Ostdeutsche angeben, mit der Berufsarbeit verbundene soziale Kontakte zu vermissen.

  Faktoranalysen zeigen faktisch gleiche Bündelungen und Dimensionen subjektiver Wahrnehmungen in West wie Ost:

Faktor 1: auch positives Erfahren der neuen Lage, Empfinden von Entlastungen durch Arbeitslosigkeit (z.B. mehr Zeit für die Familie, für Sachen, die Spaß machen);

Faktor 2: Dominanz von Belastung - vor allem durch beeinträchtigte Sozialbeziehungen (z.B. Verringerung von Kontakten auch zu Freunden und Bekannten, mehr Ärger in der Familie);

Faktor 3: Dominanz von Belastung - vor allem durch gestörtes Selbstwertgefühl (z.B. Gefühl von Überflüssigsein, Verunsicherung).

Es treten auch ähnliche moderierende Variable auf (nicht zuletzt die Partnersituation). In Übereinstimmung mit den westdeutschen Befunden nimmt mit der Dauer der Arbeitslosigkeit die Belastung eher zu als ab. Nur eine Minderheit findet sich mit der Lage ab, nimmt Erwerbslosigkeit als zeitweilige oder dauerhafte Lebensphase mental an und schafft sich so psychische Erleichterung.

Aber, so zeigt das Erwerbsverlaufspanel, mit zunehmender Verbleibdauer erschöpft sich bei einem Teil der Arbeitslosen die mobilisierende Rolle der psychischen Belastungssituation für Aktivitäten zur Arbeitssuche. Etwa ein Drittel der Langzeitarbeitslosen geben die aktuelle Arbeitssuche auf, ohne sich jedoch mehrheitlich von ihrer Erwerbsoption zu verabschieden. Wer auch nach längerwährender Arbeitslosigkeit Konkretes tut, um sich nach Arbeit umzusehen, tut es in der Tendenz sogar mit noch größerer zeitlicher Intensität als die erst kürzere Zeit Arbeitslosen. Gleichzeitig ist aber zu beachten, daß diese Aktivitäten schon von Beginn der Arbeitslosigkeit an individuell sehr verschieden sind - sowohl hinsichtlich des Zeitaufwandes und der räumlichen Reichweite (z.B. in Westberlin), als auch hinsichtlich der Art des Umsehens (Annoncen verfolgen, Bewerbungen schreiben, Gespräche führen).

Für später Wiederbeschäftigte trifft zweierlei zu:

- sie fühlten sich während der Zeit ihrer Arbeitslosigkeit noch häufiger stark belastet als arbeitslos Bleibende,
- sie waren im Schnitt umsichtiger, vielseitiger und umfangreicher aktiv als diese.

Wenn sich *Kontrollerwartungen* unter dem Einfluß anhaltender Arbeitslosigkeit in der Regel negativ entwickeln, so hat ihre bei Eintritt in Arbeitslosigkeit vorhandene Ausprägung offensichtlich zugleich relativ selbständiges Gewicht für Bewältigung und Verlauf des Erwerbsbruchs.

Wiederbeschäftigte gehörten in den vorangegangenen Befragungswellen besonders häufig zu jenen, die sich eher selbstbestimmt, als Subjekt ihrer Umstände fühlten. Ähnliches konnte für die Anteile verschiedener Verarbeitungstypen der neuen sozialen Realität (gebildet unter Einbeziehung mehrerer Variabler zu Bedeutsamkeiten von Lebensbereichen, Zufriedenheiten, Zukunftserwartungen) ermittelt werden: Zum Typ der positiv-aktiv Verarbeitenden gehörten 1992:

75% der schon damals Wiederbeschäftigten,

66% der 1992 noch arbeitslosen, inzwischen wiederbeschäftigten Personen,

50% der konstant arbeitslos Gebliebenen.

Auch die *Bereitschaft zu Zugeständnissen* hinsichtlich verschiedener Aspekte von Erwerbsarbeit hat Bedeutung für Wiedereinstiege (Abbildungen 11 und 12).

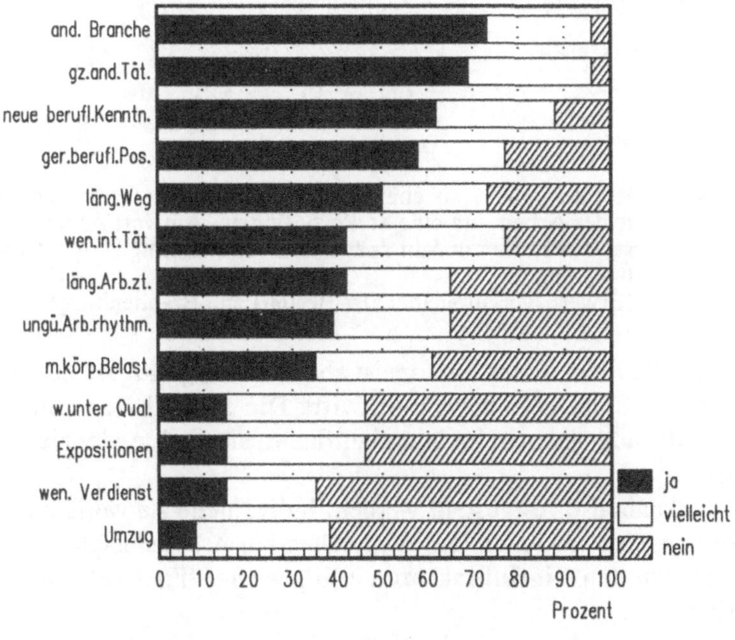

Abb. 11: Konzessionsbereitschaft hinsichtlich verschiedener Aspekte der Arbeit, um eine Stelle zu finden - Antwort Arbeitsloser 1992, die ein Jahr später wiederbeschäftigt sind (Erwerbsverlaufspanel Ost-Berlin/Land Brandenburg)

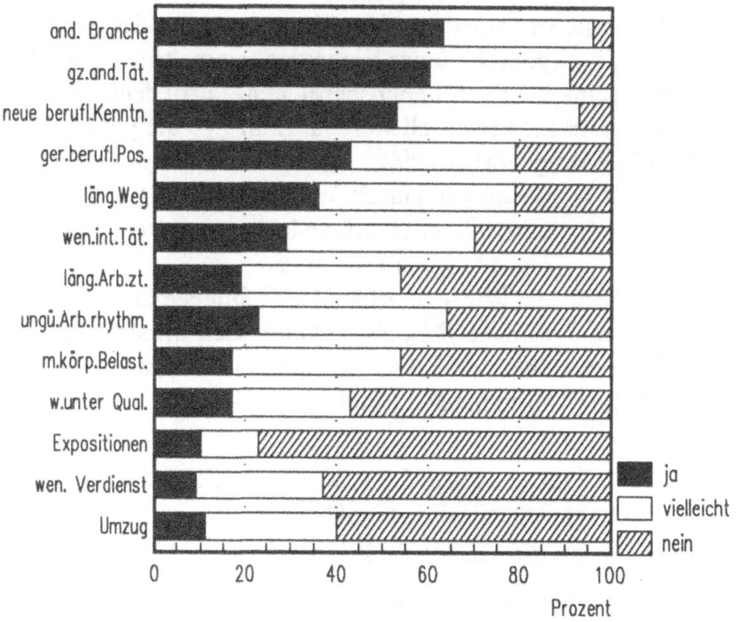

Abb. 12: Konzessionsbereitschaft hinsichtlich verschiedener Aspekte der Arbeit, um eine Stelle zu finden - Antwort Arbeitsloser 1992, die ein Jahr später noch immer ohne Beschäftigung sind (Erwerbsverlaufspanel Ost-Berlin/Land Brandenburg)

Das Gewicht dieses Faktors ist aber weitaus geringer, als von mancher Seite gern unterstellt wird. Die erkennbaren Unterschiede sind statistisch nicht signifikant, sie sind tendenzieller Art.

Es kann also festgestellt werden: Individuelle Bewältigungsformen, Konzessionen und Aktivitäten bei Arbeitslosigkeit gehören zu den Einflußfaktoren *erfolgreicher Wiedereinstiege*. Aber:

Erstens sind individuelle Verarbeitungs- und Verhaltensweisen, sind Aktivitätsressourcen nur notwendige, keineswegs hinreichende Voraussetzungen; sie sind sekundär gegenüber dem primären Einfluß von Wirtschafts- und Arbeitsmarktstrukturen und auch sekundär gegenüber den als Vor- oder Nachteil wirkenden soziodemographischen Gruppenzugehörigkeiten.

Zweitens zeigen auch erfolglos bleibende Arbeitslose mehrheitlich selbst nach langwährender negativer Erfahrung anhaltende Bemühungen um neue Beschäftigung, sind zu Zugeständnissen bereit, bleiben erwerbsorientiert.

In gleicher Weise relativierend muß der Einfluß von Partnerschaft auf individuelle Arbeitslosigkeitsverläufe eingeschätzt werden.

3.3 Die Rolle von Partnererwerbssituation und Partnerhaltung für Arbeitslosigkeitsverläufe

Nur tendenziell, bei Frauen geringfügig stärker als bei Männern, differenziert bei jenen, die in Ehe- oder Lebensgemeinschaft leben, die Erwerbssituation der Partner die persönliche Haltung zur eigenen Arbeitslosigkeit. Gehen Partner einer normalen Erwerbstätigkeit nach, meint man etwas häufiger, sich etwas Zeit bei der Suche nach einer geeigneten Stelle lassen zu können. Sind Partner selbst arbeits- bzw. erwerbslos, so ist es ohne jede Einschränkung sehr wichtig, schnell wieder Arbeit zu finden.

Die Panelauswertung läßt darüber hinaus erkennen, daß später Wiederbeschäftigte in der Regel während der Zeit ihrer Arbeitslosigkeit eine noch größere Partnerunterstützung erfuhren, als die übrigen Arbeitslosen. Bereits in der Erhebung 1992 ließen sich typische Profile der Partnerhaltung ausmachen, die laut Chaid- wie Regressionsanalysen in das Gefüge von Einflußfaktoren verschiedener Erwerbsverläufe eingehen. Zwischen den Befragungswellen gibt es eine große Stabilität in der Fremd- wie Selbstbeurteilung durch die Paare:

- Gut die Hälfte der Partner/innen zeigt aus Sicht der befragten Arbeitslosen sehr großen moralischen Zuspruch und tätige Hilfe bei der Arbeitssuche, aus Sicht der parallel befragten Partner ist es knapp die Hälfte.
- Etwa ein Fünftel der Arbeitslosen sieht sich nicht unterstützt, meint, Partner oder Partnerin sei an Unterbrechung bzw. Abbruch der Erwerbstätigkeit interessiert, brauche eher selbst Unterstützung, mache auch weniger im Haushalt. Von den be-

fragten Partnern sehen sich rd. ein Zehntel selbst in dieser Rolle.

- Der Rest schätzt die Partnerhaltung eher positiv ein, meint aber besonders selten, Partner oder Partnerin würden im Interesse einer neuen Arbeit einen Wohnortwechsel akzeptieren.

Der Paarvergleich läßt große Übereinstimmung zwischen den Paaren deutlich werden, aber durchaus differenziert bei männlichen und bei weiblichenArbeitslosen. Arbeitslose Frauen sehen sich nicht so häufig unterstützt wie arbeitslose Männer, aber die männlichen Partner sehen sich selbst in etwas besserem Licht, als es ihre arbeitslosen Frauen empfinden. Die Frauen arbeitsloser Männer urteilen über sich selbst eher kritischer als ihre Partner, bringen aber offenbar besonders viel Verständnis und Hilfe auf. Die Paarübereinstimmung ist bei arbeitslosen Männern größer als bei arbeitslosen Frauen. Diese Abweichungen sind aber nur tendenziell und bedürfen einer längeren Beobachtung.

Auch der Zusammenhang zwischen bekundeter Partnerunterstützung und Erwerbsverlauf ist tendenzieller Art.

Selbst Dauerarbeitslose sehen die Partnerhaltung überwiegend positiv. Von den 1993 Wiederschäftigten hatten 1992 drei Viertel sehr große Unterstützung konstatiert, von den arbeitslos Gebliebenen 58 Prozent. Partnerinteresse und Partneraktivität sind dabei auch, aber nur teilweise, von der eigenen Erwerbssituation und von der Haushaltseinkommenslage abhängig.

4. Zusammenfassung: Determinanten von Erwerbsverläufen nach Eintritt in Arbeitslosigkeit

Unsere bisherige Verlaufsanalyse unterstreicht mit aller Deutlichkeit, daß Abgang aus Arbeitslosigkeit und Übergang in normale Beschäftigung nur in sehr begrenztem Umfang durch individuelles Verhalten, speziell durch partnerschaftlich abgestimmte Strategien, beeinflußbar ist.

Das individuelle Verhalten bei Arbeitslosigkeit zeigt entgegen manchen Vorurteilen eher ein hohes als ein niedriges Maß an Handlungs- und Lernfähigkeit, an Selbständigkeit, Eigeninitiative, Beweglichkeit. Erleben des Wende- und des Erwerbsbruchs sowie biographisch fehlendes Training für den Umgang mit Arbeitslosigkeit lähmen überwiegend keinesfalls. Die Ausdauer und Zähigkeit, mit der man mehrheitlich, selbst bei realistisch-pessimistischer Beurteilung der eigenen Arbeitsmarktchancen und angesichts immer neuer Mißerfolge, am Erwerbswunsch festhält und dafür auch immer wieder etwas tut, ist beeindruckend. Nur eine Minderheit äußert, nicht unbedingt wieder arbeiten zu wollen: jeweils in den Querschnitten knapp 10 Prozent, Frauen wie Männer, Ältere wie Jüngere. Stabil über die Wellen hinweg sind es jedoch nur 3 Prozent, die dauerhaft aus dem Erwerbssystem ausscheiden wollen. Von jenen, die 1992 angaben, nicht unbedingt wieder arbeiten zu wollen, waren einige 1993 oder 1994 wieder beschäftigt.

Akzeptanz von Erwerbslosigkeit ist also äußerst gering. Wie in anderen Untersuchungen deutet in unserer Panelerhebung auch nichts darauf hin, daß es gegenwärtig etwa bei Frauen einen merklichen Trend zum Übergang in die Stille Reserve gäbe (Schenk/Schlegel 1993; Engelbrech 1994; Holst/Schupp 1994; Hahn 1994).

Anhaltende Beschränkungen für die Verwirklichung des Bedürfnisses nach Berufsarbeit dürften längerfristig soziale Konfliktpotentiale fördern, zumal wenn man die dargestellte Struktur von Arbeitslosigkeit bedenkt.

Insgesamt deuten die bisherigen Befunde auf *widersprüchliche* Tendenzen in den neuen Bundesländern hin:

Einerseits prädestinieren bestimmte soziale und demographische Merkmale dazu, nicht nur den Arbeitsplatz zu verlieren, sondern auch lange oder dauerhaft in Arbeits- bzw. Erwerbslosigkeit zu bleiben. Verstärkt werden sollte daher zielgruppenorientierte Arbeitsmarktpolitik, um derartige Ausgrenzungen wenigstens zu mindern.

Andererseits folgen aber Übergang und Verbleib in Arbeitslosigkeit keineswegs nur diesen selektiven Trends. Freisetzungen waren bzw. sind bekanntlich regional-sektoral oft fast flächendeckend, verschiedenste Gruppen erfassend. Deren Wiedereinsatzquote ist zwar differenziert, aber unter den gegenwärtigen Bedingungen doch breit gestreut relativ niedrig.

Wenn *schließlich* für feststellbare Differenzierungen in den Erwerbsverläufen auch personelle Handlungsvoraussetzungen eine Rolle spielen, so ist zu beachten:

Auf Grund struktureller Defizite bedeuten erhöhte individuelle Flexibilität und Aktivität der einen und ihre erfolgreiche Rückkehr in das Erwerbsleben zur Zeit immer auch Chancenverringerung bzw. Verdrängung anderer. Arbeitsmarktpolitik allein kann hier gar nichts ausrichten.

Die *entscheidende Rolle struktureller Bedingungen*, sprich Gelegenheitsstrukturen für individuelles Engangement, wird im *Regionalvergleich* der Wiedereinstiegsquoten zwischen Ost-Berlin und Brandenburg augenfällig - speziell auch für Frauen. Ostberliner arbeitslose Frauen von 1992 sind deutlich häufiger als Brandenburgerinnen inzwischen wiederbeschäftigt. Der Westberliner Arbeitsmarkt bietet Handlungsmöglichkeiten, die auf Grund der geringen räumlichen Distanz auch für Ostberliner Frauen zugänglich sind. Die Arbeitsmarktstatistik des Landesarbeitsamtes Berlin/Brandenburg verdeutlicht das. Während der Anteil von Frauen an den Arbeitslosen in Brandenburg ähnlich wie in den übrigen neuen Bundesländern bei zwei Dritteln liegt, so in Ost-Berlin 'nur' bei ca. 55 Prozent. Die weiblichen Arbeitslosenquoten betragen in Brandenburg 21 Prozent (Männer 10 Prozent) und in Ost-Berlin 14 Prozent (Männer 12 Prozent).

Insgesamt liegt die Zahl der Westpendler in Ostberlin weit über der Zahl der Arbeitslosen (Tabelle 4).

Tabelle 4: Arbeitsmarktentlastungen in Ost-Berlin und Land Brandenburg, Mai 1994
(Statistiken des Landesarbeitsamtes Berlin/Brandenburg)

	Personen auf 100 Arbeitslose in				
	FuU (Vollzt.)	ABM (249h)	Vorruhe/ Aüg	Kurz-arbeit	Pendler (Saldo)
Berlin(Ost)	16	20	54	04	140
Brandenburg	19	24	59	11	35

Das ist jedoch zugleich ein gewaltiger Verdrängungsprozeß von Westberliner Erwerbstätigen. Heute ist die Arbeitslosenquote im Westteil bereits höher als im Ostteil Berlins - nicht nur, aber auch durch das Einpendeln namentlich von Ostberlinern verursacht.

Auch hier ist also augenfällig, daß gegenwärtig gilt: schafft es der oder die eine, ist das das Aus für andere.

Konfliktpotentiale dürften sich dadurch verschieben, aber kaum geringer werden, solange Politik und Wirtschaft nicht zu grundsätzlich neuen Lösungen bei der Verteilung und Schaffung von Arbeit fähig sind. Lösungen sind dringlich, um jenen, die aus verschiedensten Motivationslagen heraus (meist keineswegs nur des Einkommens wegen!) Berufsarbeit wünschen, diese auch zu ermöglichen, und um ebenso für jene, die teilweise, zeitweise oder dauerhaft darauf verzichten würden, dies ohne soziale Benachteiligung realisierbar werden zu lassen. Diskussionen um eine soziale Grundsicherung für alle sind in diesem Zusammenhang äußerst relevant.

Immerhin lehnen von den befragten Arbeitslosen gegenwärtig nur 40 Prozent eine Teilzeitbeschäftigung grundsätzlich ab, bei der Kontrollgruppe Erwerbstätiger sind es zwei Drittel. Etwa 40 Prozent sowohl der Arbeitslosen als auch der Erwerbstätigen würden unter der Voraussetzung, daß ihnen der Arbeisplatz erhalten bliebe, hin und wieder zumindest für einige Wochen im Jahr unbezahlten Urlaub nehmen. Das betrifft alle Alters- und Qualifikationsgruppen.

Wenn also das Bedürfnis nach Integriertheit in das Erwerbssystem anhaltend hoch ist, so scheint doch Reduktion von Erwerbstätigkeit unter bestimmten Bedingungen durchaus auf Akzeptanz zu stoßen.

Diese Bedürfnislagen berücksichtigende neue Konzepte in Politik und Wirtschaft sind dringend gefragt.

Literatur

ANBA 1993: Bestand an Arbeitslosen in den neuen Bundesländern nach ausgewählten Strukturmerkmalen. In: Amtliche Nachrichten der Bundesanstalt für Arbeit, H.7. Nürnberg

ANBA 1994: Arbeitsmarkt 1993. Arbeitsmarktanalyse für die alten und neuen Bundesländer. Amtliche Nachrichten der Bundesanstalt für Arbeit. Sondernummer. Nürnberg

Beckmann, P./Bender, S. 1993: Arbeitslosigkeit in ostdeutschen Familien. In: MittAB H.2

Berger, H./Schultz, A. 1994: Veränderungen der Erwerbssituation in ostdeutschen Privathaushalten und Befindlichkeit der Menschen. In: Aus Politik und Zeitgeschichte B16, 22.4.1994

Brinkmann, C. 1984: Die individuellen Folgen langfristiger Arbeitslosigkeit. Ergebnisse einer repräsentativen Längsschnittuntersuchung. In: MittAB H.4

Brinkmann, C./Müller, K./Wiedemann, E. 1993: Problemgruppen am ostdeutschen Arbeitsmarkt. In: Arbeitsmarkt kontrovers. Hg. R. Neubäumer. Darmstadt

Brinkmann, C./Wiedemann, E. 1994: Zu den psycho-sozialen Folgen der Arbeitslosigkeit in den neuen Bundesländern. In: Aus Politik und Zeitgeschichte B16, 22.4.1994

Engelbrech, G. 1994: Frauenerwerbslosigkeit in den neuen Bundesländern. Folgen und Auswege. In: Aus Politik und Zeitgeschichte B6, 11.2.1994

Ehrhardt, G./Hahn, T.1993: Verläufe und Verarbeitungsformen von Arbeitslosigkeit. In: MittAB H.1

Gensicke, T. 1994: Pragmatische Ostdeutsche. In: Psychologie heute. H.11

Hahn, T./Ehrhardt, G. 1990: Arbeitslosigkeit in der früheren DDR: Objektive Gegebenheiten und subjektive Wahrnehmung. Ergebnisse einer Fallstudie. In: Utopie kreativ H.3

Hahn, T. 1994: Frauen und Arbeitslosigkeit. In: Gesellschaftlicher Wandel im Osten Deutschlands - individuelle Chancen und Risiken im Lebenslauf. KSPW-Reader. Berlin: Akademie Verlag

Hanesch, W. u.a. 1994: Armut in Deutschland. Hamburg: Rohwohlt

Hess, D./Hartenstein, W./Smid, M. 1991: Auswirkungen von Arbeitslosigkeit auf die Familie. In: MittAB H.1

Holst, E./Schupp, J. 1994: Erwerbsbeteiligung und Erwerbsorientierung von Frauen in West- und Ostdeutschland 1990 bis 1993. DIW Diskussionspapier Nr. 90. Berlin

Kieselbach, T./Voigt, P. (Hg.) 1992: Systemumbruch, Arbeitslosigkeit und individuelle Bewältigung in der Ex-DDR. Weinheim: Deutscher Studienverlag

Klages, H./Gensicke, T. 1992: Wertewandel in den neuen Bundesländern. In: H.Klages. Traditionsbruch als Herausforderung. Frankfurt/M., New York: Campus

Kronauer, M./Vogel, B. 1994: Regionale Arbeitsmarktentwicklung und Arbeitslosigkeit in Ostdeutschland. In: SOFI-Mitteilungen Nr.21. Göttingen.

Landua, D. 1991: Arbeitslosigkeit im Haushaltskontext. In: Erwerbstätigkeit und Arbeitslosigkeit. Analysen auf der Grundlage des Sozioökonomischen Panels. BeitrAB 144

Landua, D./Habich, R. 1994: Problemgruppen der Sozialpolitik im vereinten Deutschland. In: Aus Politik und Zeitgeschichte. B3, 21.1.1994

Schenk, S./Schlegel, U. 1993: Frauen in den neuen Bundesländern - Zurück in eine andere Moderne? In: Berliner Journal für Soziologie. Bd.3

Helmut Wiesenthal

Die Transformation der DDR: ökonomische, politische und kognitive Koordinaten

1. Einleitung

Der Ausnahmecharakter der DDR als Fall der postsozialistischen Transformation steht außer Frage. Er ist nicht nur mit den Stichworten Institutionen- und Finanztransfer eindeutig gekennzeichnet, sondern auch dadurch, daß lediglich Sozialwissenschaftler den Begriff der Transformation - oder der Transition - verwenden, während es die Veranstalter zusammen mit den Teilnehmern des Transformationsprozesses vorziehen, von der „Vereinigung" zu sprechen. Sei es, um die besonderen Vorzüge dieses Transformationspfades, sei es um seine realen oder vermeintlichen Probleme zu betonen: Es hat sich eingebürgert, den Wandel in Ostdeutschland in den kausalen Zusammenhang der staatsrechtlichen Dimension des Projektes zu stellen.

Diese Etikettierung hat Folgen für die Wahrnehmung der Transformation. So sind angesichts der Besonderheiten des deutschen Falles - also der diversen Transfers, aber auch des kritisch gewordenen Verhältnisses von westdeutschem Paternalismus und ostdeutschem Eigensinn - jene Momente der öffentlichen Wahrnehmung entglitten, welche keine Spezifika des deutschen Falles, sondern allgemeine Merkmale, Probleme und Folgewirkungen postsozialistischer Transformation sind; also Merkmale, welche die neuen Bundesländer mit anderen Transformationsgesellschaften teilen. Eine Art „Einheits-Bias", d.h. eine Neigung, alle Aspekte der DDR-Transformation dem besonderen „lokalen" Transformationspfad zuzuschreiben, scheint geradezu den Blick auf solche Gemeinsamkeiten zu versperren.

„Transformation durch staatliche Vereinigung" - diese Formel ist lediglich eine Nominaldefinition: Für sich genommen erklärt die Tatsache der Einheit erst einmal gar nichts; auch im Falle der Einheit mußten die relevanten ökonomischen und politischen Parameter bestimmt und justiert werden; auch im Falle der Einheit treten unerwartete Folgeprobleme auf, wie sie uns von den „Transformationsgeschichten" anderer Länder bekannt sind.

Historische Erfahrungen helfen wenig. Aus der an Vereinigungsfällen keineswegs armen Geschichte Deutschlands und Europas wurde bislang noch keine „Theorie der Staatserweiterung" destilliert, die uns über typische Verlaufsmuster, Steuerungspotentiale und Risiken informieren könnte. Und angesichts der Fülle von Dissoziationsprozessen im Zuge des postsozialistischen Wandels erscheint die deutsche Einheit erst recht als Ausnahmefall: Typisch scheint eher das Gegenteil, nämlich die friedliche oder gewaltsame Auflösung von Staaten, wie uns die Fälle Jugoslawien, Sowjetunion und Tschechoslowakei lehren.

In diesem Beitrag werde ich die Besonderheiten des deutschen Falles nicht vor dem Hintergrund der deutschen Geschichte oder des Vergleichsmaßstabes Westdeutschland diskutieren, sondern als Abweichungen von anderen vergleichbaren Transformationsfällen. Vergleichsmöglichkeiten sehe ich insbesondere in Ostmitteleuropa, d.h. in Ungarn, Polen, Tschechien und der Slowakei. Und weil diese „Abweichungen" hierzulande eine eigentümliche Wahrnehmung und Interpretation erfahren, möchte ich mich nicht auf die Bereiche Wirtschaft und Politik beschränken, sondern die knappe Analyse auch auf einige im Transformationsprozeß entstandene Deutungen ausdehnen.

2. Ökonomische Koordinaten

Nicht wenigen Beobachtern erscheint Ostdeutschland als ein Paradebeispiel, ja sogar als extremer Anwendungsfall der sog. *Schocktherapie.*[1] Dieses Konzept einer umfassenden Wirtschaftsreform gilt als die radikalste Variante der sozio-ökonomischen Transformation. Schocktherapie - das heißt gemeinhin: ein von sozialen Rücksichten befreites Vorgehen bei der Wirtschaftstransformation, das unter Bedingungen einer vollentwickelten Demokratie keine Realisierungschance hätte und in den Fällen seiner praktischen Erprobung, d.h. 1990 in Polen, 1991 in der CSFR und 1992 in Rußland, vor Erreichen des Ziels korrigiert bzw. abgebrochen werden mußte, weil die Bevölkerung ihr anfänglich erklärtes Einverständnis aufgekündigt hatte.

Lediglich im Falle der durch westdeutsche, also externe Akteure betriebenen Transformation Ostdeutschlands scheint die Radikalkur bis zum bitteren Ende durchgehalten zu werden. Um kein Mißverständnis aufkommen zu lassen: Auch wer in den neuen Ländern Wirkungen einer Schocktherapie zu sehen meint, behauptet nicht, daß es den Menschen in Görlitz und Gera schlechter ginge als in Danzig oder Bratislava. Gemeint ist der *Typus* eines in mehreren Hinsichten als *radikal* konzipierten und *schlagartig* vollzogenen Übergangs, wie er prinzipiell auch in Ostdeutschland zu beobachten war. Das Konzept der Schocktherapie liefert zumindest eine Folie, auf der Vergleiche möglich sind, die eine genauere Bestimmung des Musters der Wirtschaftstransformation ermöglichen.

Ein Vergleich der Wirtschafts- und Währungsunion vom Juli 1990 mit den Maßnahmen, die zu Beginn der polnischen Wirtschaftsreformen ergriffen wurden und als Katalog unverzichtbarer Elemente der Schocktherapie empfohlen werden, ergibt folgendes. Wenig Unterschiede zeigen sich bei der Herstellung der für eine Marktwirtschaft notwendigen Rahmenbedingungen: Das betrifft zum einen eine rechtsstaatliche Ordnung einschließlich Vertrags- und Unternehmensrecht und zum anderen das allgemeine Prinzip, die Wirtschaftsbetriebe aus dem Staats-

1 So z.B. Pickel (1992) und Bryson (1992).

eigentum in private Hände zu überführen. Sind diese Rahmenbedingungen in Kraft gesetzt, so sind - entsprechend den Empfehlungen der Schocktherapie - zur Modernisierung und Stabilisierung der Wirtschaft fünf wirtschaftspolitische Einzelmaßnahmen durchzuführen:[2] Es handelt sich um

1. die Freigabe der Preise und die Liberalisierung des Außenhandels,
2. den Abbau staatlicher Subventionen,
3. Schritte zur Herstellung von Währungskonvertibilität im Anschluß an eine Währungsabwertung,
4. die Dämpfung der Lohn- und Einkommensentwicklung,
5. die Stabilisierung des Staatshaushaltes und eine restriktive Kreditpolitik.

Wie man schon auf den ersten Blick erkennt, kamen in der DDR lediglich zwei der fünf Maßnahmen zum Zuge: die Preisfreigabe und ein weitgehender Subventionsabbau. Sie bildeten den „liberalisierenden" bzw. marktwirtschaftlichen Part der Wirtschafts- und Währungsunion. Ihre Konsequenz war die übergangslose und ihren Wirkungen *ungedämpfte Öffnung* der ostdeutschen Wirtschaft für externe Anbieter. Als zwangsläufige Folge kam es zur Entwertung der vorhandenen Produktionskapazitäten.

Alle übrigen Maßnahmen liefen dem Rezeptkatalog der Schocktherapie diametral zuwider. Die DDR-Währung wurde bekanntlich nicht abgewertet, sondern ihre Konvertibilität ergab sich über die annähernde Gleichstellung mit der DM, also durch eine extreme Aufwertung um mehr als 300 %. Gleichzeitig wurde auf eine Dämpfung der Einkommensentwicklung verzichtet, hatte man sich doch für die paritätische Umstellung von Löhnen und Sozialeinkommen entschieden und deren schrittweise Anhebung auf das westdeutsche Niveau angekündigt. Folglich wurde ein dritter Rezeptverstoß erforderlich, nämlich der Verzicht auf staatliche Schuldenbegrenzung. Seine Folgen blieben zunächst weniger gravierend, weil die DDR unter das Dach des

2 Vgl. Sachs (1989, 1991), Fischer/Gelb (1991), Lösch (1992) und Brada (1993).

um ein Vielfaches größeren Staatsbudgets der Bundesrepublik gelangt war.

Die im Juli 1990 erfolgten Weichenstellungen der Wirtschaftsintegration sind damit alles andere als ein Anwendungsfall der Schocktherapie. Sie ermangeln insbesondere der von Ökonomen reklamierten Konsistenz, handelt es sich doch um eine Mixtur aus Elementen marktorientierter Liberalisierung und dezidiert politisch statt ökonomisch begründeter Gratifikationen. Sie wurden der Bevölkerung, wie wir wissen, nicht als Startkapital für Existenzgründungen, sondern als Prämie für einen Vertrauenskredit in die amtierende Regierung gewährt.

Lösten die Liberalisierungsmaßnahmen einen in dieser Stärke beispiellosen „*Öffnungsschock*"[3] aus, so bewirkte der währungs- und einkommenspolitische Kurs eine nachhaltige Umverteilung der Existenzchancen von Unternehmen zugunsten der kurzfristigen Vermögens- und Einkommenssituation von Individuen - oder, um es polemisch zuzuspitzen: eine Umverteilung von Arbeitgebern zu Arbeitslosen. Für ein solches politisch induziertes Handikap von Wirtschaftsunternehmen beim Start in die Marktwirtschaft gibt es weder in anderen Transformationsgesellschaften noch in der Geschichte kapitalistischer Staaten ein Pendant.

Ist somit das für die DDR-Wirtschaft gewählte Transformationskonzept um einige Grade destruktiver als der auf Stabilisierung und endogene Wachstumsbedingungen zielende Rezeptkatalog der Schocktherapie, so entspricht seine schlagartige Realisierung haargenau den Empfehlungen. Dieser Sachverhalt, nämlich daß alle Maßnahmen gleichzeitig in Kraft traten, erzeugt offenkundig den Eindruck, die Schocktherapie sei in der DDR auf besonders strenge Weise exekutiert worden - als „Therapie auf dem elektrischen Stuhl", wie Phillip Bryson (1992: 138) meint.

Da im Unterschied zur Schocktherapie kein Bündel von tatsächlich auf „Heilung" zielenden, also im Wortsinne therapeutischen Maßnahmen zur Anwendung kam, wird der Sinn des radikalen Vorgehens, d.h. die Befolgung des Gebots der Gleichzeitigkeit nicht auf Anhieb klar. In heutiger Kenntnis vieler „le-

3 So Hüther (1993: 32).

taler" Folgen ist die Radikalkur weitaus weniger plausibel als zu dem Zeitpunkt, zu dem man sie noch als Therapie ansehen mochte. Wie wir wissen, haben im engeren Sinne politische Gründe den Ausschlag für dieses Vorgehen gegeben. Die politische Konditionierung der ökonomischen Transformation zählt zu den Spezifika des Falles Ostdeutschland.

Zum besseren Verständnis lohnt ein vergleichender Blick auf die „Konstruktionslogik" der Schocktherapie. Sie ist keineswegs nur ein ökonomisches Rezept, sondern auch Anwendungsfall einer politischen Klugheitsregel, versteht sie sich doch als Lösung für zwei sehr unterschiedliche Probleme. Zum einen soll das (richtige!) Maßnahmenbündel die Transformationsphase verkürzen, womit im günstigen Fall geringere Gesamtkosten des Übergangs als bei einem gradualistischen Vorgehen verbunden sind. Zum anderen ist die Schocktherapie auch als Versicherung gegen politische „Willensschwäche" zu verstehen. Indem alle schmerzhaften Eingriffe zu Beginn des Reformkurses und auf einen Schlag ausgelöst werden, scheinen die Reformpolitiker vor der für Wettbewerbsdemokratien typischen Opportunismusversuchung geschützt. Die Alternative wäre ein sequentielles Vorgehen, bei dem sie immer wieder vor der Frage stünden, ob sie weitere schmerzhafte Eingriffe auszulösen oder ihre Wiederwahlchancen durch Aufschieben notwendiger Reformen verbessern sollen.[4] Die politische Logik der Schocktherapie besteht in der Selbstbindung an notwendige, interdependente, aber zugleich unpopuläre Maßnahmen, deren Nutzen erst mit Verzögerung spürbar wird.[5]

Sucht man den Grund, warum sich die Protagonisten der deutschen Einheit für die schlagartige Inkraftsetzung von, vorsichtig gesprochen, hochriskanten, weil destruktiven (statt therapeutischen!) Maßnahmen entschieden haben, so findet man zwei Er-

4 Mit den schwierigsten Aufgaben zu beginnen, empfiehlt sich außerdem, weil aller Voraussicht nach der Vertrauenskredit, den die ersten demokratischen Regierungen genießen, beim Transformationsstart am größten ist, während gleichzeitig einflußmächtige Interessen noch nicht ausreichend organisiert sein dürften (Funke 1993).

5 Selbstbindung wird hier i.S. von Elster (1987: Kap. II) verstanden.

klärungen. Eine bezieht sich auf die günstige außenpolitische Verhandlungssituation: das „window of opportunity", das mit der Kompromißbereitschaft der von akuter Schwäche ereilten Sowjetunion gegeben war. Daß eine Wahrnehmung dieser Chance zugleich Modus und Parameter der Wirtschaftsintegration determinierte, ist jedoch höchst zweifelhaft.

Die plausiblere Antwort rekurriert auf den Sinn der mit einer Radikalkur ermöglichten *Selbstbindung*. Diese gestattete es der politischen Elite, eine wichtige selbstgestellte Nebenbedingung des Vereinigungsprozesses zu gewährleisten, nämlich die Bewahrung des bundesdeutschen Institutionensystems vor etwaigen, im Zuge der Einheit aufkommenden Veränderungsimpulsen.[6] Die deutsche Einheit war in der Sicht der Bundesregierung mit einem hohen, aber nicht unmittelbar ökonomischen Risiko belastet: Da die Oppositionsparteien ebenso wie ein Großteil zumindest der westdeutschen Bevölkerung graduelle gegenüber schlagartigen Veränderungen bevorzugte, wäre mit einem Kurs der schrittweisen, ökonomische „Lernprozesse" ermöglichenden Integration eine nicht unbeträchtliche Ergebnisunsicherheit verbunden gewesen. Im harmloseren Fall - aus der Sicht der maßgebenden Eliten - hätten u.U. institutionelle Elemente der DDR-Wirtschaft und Gesellschaft länger als technisch notwendig überdauert. Im ungünstigeren, aber nicht unwahrscheinlichen Fall hätten sie darüber hinaus Integrität und Kontinuität des westdeutschen Institutionensystems bedroht.

Selbst schon eine extensive Debatte über einzelne Transformationsschritte, ihre Zielwerte und ihre funktionalen Alternativen, wäre über kurz oder lang „unberechenbar" geworden und der Kontrolle einer Bundesregierung entglitten. Der Parteienwettbewerb und die Konkurrenz der Ressorts hätten vollends für einen offenen Ausgang des Prozesses gesorgt. So wäre schließlich das - in der Sicht der Regierung - größte zu vermeidende Übel, nämlich die Modifikation des westdeutschen Institutionensystems, realistisch geworden.

6 Vgl. Lehmbruch (1992) und Bryson (1992).

Gleichzeitig reagierten die Protagonisten der Einheit mit der „Radikalkur" auf ein generelles Problem der Transformationspolitik. Adam Przeworski (1991: 162ff.) zufolge haben Reformpolitiker und Bevölkerung in Transformationsgesellschaften typischerweise entgegengesetzte Strategiepräferenzen. Die Politiker streben nicht nur die Realisierung eines in funktionaler Hinsicht konsistenten Maßnahmenbündels an, sondern suchen auch - im rationalen Eigeninteresse - rasche „vorzeigbare" Erfolge. Weil letztere aber regelmäßig mit höheren sozialen Kosten verbunden sind, befürwortet die Bevölkerung eher ein graduelles Vorgehen. Dieses läßt den Menschen mehr Zeit und Ressourcen, sich auf den Wandel ihrer Existenzbedingungen einzustellen. Für die Politiker bedeutet der Gradualismus jedoch ein erhöhtes Risiko, das Reformziel zu verfehlen, weil die Zeitspanne größer ist, in der sie befürchten müssen, von unzufriedenen Wählern bestraft zu werden. Deshalb scheint das Radikalkonzept im Vergleich zu einem graduellen Reformkurs „mehr" Zielverwirklichung und „mehr" Selbstschutz zu gewährleisten.

Im Falle der DDR wurde die (bekanntlich auf das Prozedere beschränkte) Schocktherapie nicht aus ökonomischen Gründen gewählt, sondern um das Risiko einer Gefährdung der institutionellen Ordnung abzuwenden. Dabei haben die Entscheidungsträgern durchaus die nachteiligen Folgen einer schockartigen Integration der DDR in die Weltwirtschaft bei gleichzeitiger Eliminierung potentieller Wettbewerbsvorteile (in Kategorien von Währungsrelation und Lohnkosten) vorhergesehen. Sie haben sie - vermutlich in Verkennung ihrer realen Dimensionen - für tolerabel erachtet.[7] Die Verfügbarkeit eines geeigneten Verfahrens, nämlich des Beitritts der DDR zur BRD, und das Vorhandensein von zustimmungsbereiten Partnern bei der Auslösung des Schocks - in Gestalt der an Expertise unterlegenen, vor der Selbstaufgabe stehenden und darum eiligen Repräsentanten der DDR - bewirkte das Übrige. Dank des Umstandes, daß ein Maximum an Entscheidungsmaterie in Staatsverträgen, d.h. *im Me-*

7 Vgl. Schäuble (1991: 99ff) und Teltschik (1991: 55, 125ff, 204).

dium der Außenpolitik abgearbeitet werden konnte, wurde die formale Analogie zur Schocktherapie möglich.

Zwei Konsequenzen sind festzuhalten: Zum einen ist das Transformationsprojekt in hohem Maße vom unzulänglichen Informationsstand des Jahres 1990 und der Kürze der Entscheidungsfristen geprägt. Zum zweiten ist es, wegen der Bindungskraft der Entscheidungen, der öffentlichen politischen Diskussion und damit auch einer Rückkoppelung von Transformationserfahrungen entzogen. Ohne in eine vorschnelle Kritik des ordnungspolitischen Konservatismus zu verfallen, für den es auch respektable Gründe geben mag, bleibt doch zu resümieren, daß mit dem gewählten Vorgehen *ein eklatanter Mangel an späteren Steuerungsmöglichkeiten* vorprogrammiert wurde.

Was in Ostdeutschland geschah und unterbleibt, ist deshalb viel weniger den aktuellen als vielmehr den 1990 getroffenen Entscheidungen zuzuschreiben. Das gilt auch unter Berücksichtigung des durch die Radikalkur präjudizierten Tempos der Privatisierung, auf die ich nun - gewissermaßen im Schnittbereich der ökonomischen und politischen Koordinaten - kurz zu sprechen komme.

3. Die Politische Ökonomie der Privatisierung

Die beschleunigte Privatisierung der DDR-Wirtschaft war eine Konsequenz des gewählten Transformationskonzeptes unter der Annahme, daß es auf jeden Fall den Lebensunterhalt der Arbeitnehmer zu sichern gilt, es aber wegen der Größenordnung des Problems weder finanzierbar noch strukturpolitisch sinnvoll ist, sich auf die extensive Subventionierung von Unternehmen einzurichten. Abstrahiert man von der Temporeaktion auf den „Öffnungsschock", so schneidet die Privatisierungspraxis der Treuhandanstalt im Vergleich mit den Strategien anderer Reformstaaten keineswegs unvorteilhaft ab. Das gilt zumindest für die beiden letzten Jahre, während derer das Privatisierungsziel durch struktur- und beschäftigungspolitische Ziele ergänzt war.

Privatisierungsprojekte sollen ein vielfältiges Zielbündel realisieren: (1) Es sollen Unternehmen mit einem kostenverantwortlichen Management entstehen, die nicht von Staatssubventionen abhängig bleiben, sondern sich zu gewichtigen Steuerzahlern entwickeln. (2) Solange der Staat noch wenig Steuereinnahmen hat, sind die Regierungen interessiert, das Staatsbudget mit möglichst hohen Verkaufserlösen aufzubessern. (3) Diesen Zielen widerspricht jedoch der Wunsch von Regierungen, die Transformationskrise mit einem möglichst hohen Beschäftigungsstand durchzustehen. (4) Schließlich soll das Privatisierungsverfahren für die Bevölkerung akzeptabel sein, damit die ohnehin gefährdete Sozialintegration nicht zusätzlich auf die Probe gestellt wird.

Keines der drei verfügbaren Privatisierungsverfahren erlaubt es, alle vier Ziele gleichzeitig zu realisieren.[8] Auktionen, welche dem Staat zum maximalen Verkaufserlös verhelfen können, lassen i.d.R. den Erwerbern freie Hand, das Betriebsvermögens zu liquidieren statt es zu modernisieren. Die Ausgabe von Anteilscheinen, sog. Vouchers, mit der die Bevölkerung zu Eigentümern von oft nur formal privatisierten Unternehmen wird, ist nicht notwendig mit einer „Modernisierung" des Management und einem rückläufigen Subventionsbedarf verbunden. Sie gestattet jedoch die Realisierung struktur- und beschäftigungspolitischer Ziele. Allein detaillierte Verträge („negotiated contracts") bieten die Möglichkeit, in jedem Einzelfall ein Optimum an Zielverwirklichung anzustreben.

Es ist dieses letztgenannte Verfahren, das die Treuhandanstalt seit 1992 bevorzugt anwendet, indem sie die künftigen Erfolgschancen von Investoren zum Kriterium ihrer Verkaufsentscheidungen macht. Mit dem Instrument detaillierter Verträge bemüht sich die deutsche Privatisierungsagentur, neben der Fortführung der zum Verkauf stehenden Unternehmen auch spezifizierte Modernisierungs- und Investitionsvorhaben sowie eine positive Beschäftigungentwicklung zu expliziten Vertragsbestandteilen zu machen. In Einzelfällen wurden aus struktur- und beschäftigungspolitischen Gründen sogar Verträge mit einem „negativen" Verkaufspreis abgeschlossen.[9]

8 Das gilt auch für die v.a. in Polen und Ungarn am Rande der Legalität erfolgte „spontane" bzw. Nomenklatura-Privatisierung (Stark 1992).

9 Vgl. Czada (1993), Fischer et al. (1993).

Individuelle Verträge sind allerdings das am wenigsten transparente und am schwierigsten zu beaufsichtigende Verfahren. Es ist anfällig für Mißbrauch und Korruption - Möglichkeiten, von denen die Beteiligten gelegentlich auch Gebrauch machten. Zugleich bietet das Verfahren jedoch den größtmöglichen Spielraum, um Investoren auf Ziele mit unstrittigem „Gemeinwohl"-Charakter zu verpflichten und den Bedarf an öffentlichen Subventionen zu begrenzen.

Während ein Großteil der anderenorts stattfindenden Privatisierungen Auktionscharakter hat oder in der symbolischen Form der Voucher-Verteilung erfolgt, entspricht die in Ostdeutschland praktizierte Privatisierungspolitik am ehesten dem komplexen Zielsystem. Indes ist selbst das sozialverträglichste Privatisierungsverfahren ungeeignet, die destruktiven Wirkungen des Transformationsschocks zu kompensieren.

4. Politische Koordinaten

Die Entscheidungen von 1990 haben eine Vielzahl von sektoralen Transformationsprozessen eingeleitet: in Industrie und Landwirtschaft, im Gesundheitswesen und in der Wissenschaft.[10] Sie waren durch die institutionellen Muster des Westens konditioniert und von westdeutschem Personal dirigiert. Für das Gesamtprojekt des nach Kontinuitätsinteressen entworfenen, durch Institutionentransfer bewirkten und in seinen Regelungslücken mit westdeutscher Expertise couragiert betriebenen Systemwechsels hat Gerhard Lehmbruch das Wort von der *„exogenen Transformation"* geprägt.[11]

Damit ist jedoch die politische Dimension noch keineswegs ausgelotet. Nicht nur ist die weitgehende „Außensteuerung" des gesellschaftlichen Wandels zu registrieren, wobei sich das Prädikat „außen" mehr auf den Ursprung von Entscheidungskriterien als von Personen bezieht. Sondern es ist auch das außeror-

10 Vgl. Derlien (1993), Lehmbruch (1993), Wollmann/Berg (1993) und Mayntz (1994).

11 Vgl. Lehmbruch (1993). Zur Rolle externer Akteure vgl. Wiesenthal (1992) und Offe (1994: Kap. 9).

dentliche Tempo des Wandels zu berücksichtigen, das für nachholende Organisierungs- und Lernprozesse der „internen" Akteure wenig Zeit ließ. Schließlich ist an die Rückständigkeit und den schwachen Praxisbezug reformpolitischer Debatten in der DDR zu erinnern. Sie hielten keinem Vergleich mit der polnischen und der ungarischen Reformdiskussion der achtziger Jahre Stand und hinterließen keine auf die realen Optionen vorbereiteten Akteure.[12]

Diese Beobachtungen markieren eine „*Akteurlücke*", welche schon bald Thema kritischer Erörterung wurde.[13] Im Mittelpunkt steht die These eines Repräsentationsdefizits ostdeutscher Interessen, woran sich der Verdacht knüpft, daß die in relevanten Entscheidungsgremien gefundenen Entscheidungsresultate vor allem westdeutsche Interessenten privilegieren.

Unbestritten ist: Der umfangreiche Transfer von Leihpersonal an die Spitze von Administrationen, Parteien und Verbänden gewährleistete nicht nur einen zügigen Import westdeutschen Expertenwissens. Es war auch eine Art Siegeszug kontextfremder, zum Teil historisch obsolet gewordener Politikerfahrungen, Situationsdeutungen und Interessendefinitionen - eine Feststellung, die keineswegs der Beobachtung widerspricht, daß sich viele Beteiligte bemühten, eigene Erfahrungen selbstlos für andere nutzbar zu machen. Es mischten sich Aspekte kollegialer Hilfe mit paternalistischer Bevormundung und egoistischer Interessenverfolgung. Dabei handelte es sich wohl weniger um manifeste Ausschließungsakte als vielmehr um Abhängigkeits- und Unterlegenheitserfahrungen, die Ostdeutsche z.B. bei der Interaktion in öffentlichen Handlungssphären sammeln konnten[14]; sie lassen die These des Repräsentationsdefizits auf den ersten Blick so überzeugend wirken.

12 Als Beleg mag die Gegenüberstellung zweier Sammelbände über Themen und Probleme der postsozialistischen Transformation dienen, z.B. Brie/Klein (1991) als Ort ostdeutscher und Ploszajski (1990) als Ort polnischer Transformationsdiskurse.

13 Vgl. Wiesenthal et al. (1992), Abromeit (1993) und Brie (1994).

14 Vgl. für die öffentliche Verwaltung Wollmann (1994).

War der Import des westdeutschen Institutionensystems der Preis für einen in materieller Hinsicht komfortablen Transformationspfad, so war die mit imperialer Geste erfolgte Vereinnahmung des neuen Handlungsfeldes durch die korporativen Akteure Westdeutschlands das unvermeidliche Korrelat des Institutionentransfers. Konkurrenzkalküle und ein dezidiertes Interesse an der Erhaltung institutioneller Privilegien trieben Gewerkschaften, Arbeitgeber, Wirtschafts, Professions- und Wohlfahrtsverbände schon vor der Wirtschaftsunion zur Eroberung des Feldes. Alte und neugegründete DDR-Verbände hatten nur dann eine Chance, sich an der sektoralen Transformation zu beteiligen, wenn sie sich rechtzeitig unter das Dach eines westdeutschen Spitzenverbandes begeben hatten.[15]

Späte Bemühungen, der Erfahrung von Nachteilen und Diskriminierung organisatorischen Ausdruck zu geben, scheinen fehlgeschlagen. Die Komitees für Gerechtigkeit, die Initiative ostdeutscher Betriebsräte und die Konferenz ostdeutscher Verbände stellten entweder ihre Aktivitäten mangels sozialer Unterstützung ein oder schmoren heute im eigenen Saft, da sie keinen Zugang zu relevanten Entscheidungsgremien finden.

So unstrittig die Belege für eine Unterrepräsentation ostdeutscher Erfahrungen und Sichtweisen scheinen, so schwierig fällt jedoch eine korrekte Identifikation der materialen Wirkungen. Sichtbar ist die Diskriminierung bestimmter Gruppeninteressen, doch lassen sich die Phänomene nicht ohne weiteres mit dem transformationsspezifischen Repräsentationsdefizit erklären. Beispielsweise gehen die Richtlinien für die außerordentliche Kündigung von Personen im öffentlichen Dienst oder die Aufhebung der Ansprüche höherer Staatsdiener auf Zusatzrenten nicht auf westdeutsches Oktroy, sondern auf gemeinsame Beschlüsse der west- und ostdeutschen Verhandlungspartner des Einigungsvertrags zurück. In anderen Fällen, etwa bei der Benachteiligung von Frauen und Jugendlichen am schrumpfenden Arbeitsmarkt, scheinen weniger transformationsspezifische Ursachen im Spiel zu sein als vielmehr ein asymmetrisches Vertei-

15 Vgl. Wiesenthal et al. (1992).

lungsmuster sozialer Chancen, das den übertragenen Institutionen innewohnt und derzeit im erweiterten Anwendungsfeld noch schwerer zu korrigieren scheint als im Westen (Benzler 1994).

Nicht minder schwierig ist es, Folgen des Repräsentationsdefizits vor dem Hintergrund der in anderen Reformstaaten entstandenen Repräsentationsverhältnisse auszumachen. Dort ist die Situation deutlich ungünstiger als in Ostdeutschland (Wiesenthal 1993). Die *Parteiensysteme* bildeten keine das Transformationsprojekt tangierenden Interessenstrukturen und Politikpräferenzen ab, sondern hatten in den ersten Jahren regelmäßig mit der populistischen Wiederbelebung „kultureller" Themen - in Kategorien nationalistischer und ethnozentrischer Politikziele - zu kämpfen, da die konkurrierenden Parteien sich bemühten, neue gesellschaftliche Konfliktlinien zu etablieren.

Im *System der organisierten Arbeitsbeziehungen* der mittelosteuropäischen Staaten übt nach wie vor der Staat das Entscheidungsprimat aus, da die fragmentierten und miteinander konkurrierenden Verbände auf Gewerkschafts- und Arbeitgeberseite noch keine ausreichende Verpflichtungsfähigkeit bzw. Repräsentativität entwickeln konnten. Überhaupt ist die Ebene der „*intermediären Institutionen*" vergleichsweise unterentwickelt, da es einerseits unter den Unsicherheits- und Streßbedingungen der Transformation um Engagementbereitschaft und Gemeinsinn der „Zivilgesellschaft" sehr schlecht bestellt ist, während sich andererseits Regierungen und Parlamente dagegen wehren, die verbandliche Interessenrepräsentation als eine legitime Ausdrucksform gesellschaftlicher Interessenlagen anzuerkennen und an der Politikformulierung zu beteiligen.[16]

Das Ergebnis des Vergleichs ist also ambivalent. Während Transformationspolitik in Ungarn, Polen, Tschechien und der Slowakei nicht bloß unter knappen Ressourcen, sondern ebenso unter dem Etatismus, der Selbstbezüglichkeit und den idiosynkratischen Konkurrenzstrategien der neuen Eliten leidet, ist für Ostdeutschland eine gewisse Kontextfremdheit und Insensibili-

16 Vgl. insbesondere Ágh (1993).

tät von Helfern und übertragenen Institutionen zu konstatieren. Westdeutsche Routinen haben regelmäßig einen „historischen" und „lokalen" Bias. Das macht sie nicht immer zu bestmöglichen Antworten auf die Probleme der Transformation.

Eine korrekte Ursachenzuschreibung muß allerdings zwei Faktoren Rechnung tragen: (1) dem sozialisatorischen und kognitiven Erbe des DDR-Sozialismus, der ein „anderer" Sozialismus war als der in Polen oder Ungarn, und (2) dem hohen Institutionalisierungs- und Korporatisierungsgrad der alten Bundesrepublik. Der erstgenannte Faktor rekurriert auf die für viele DDR-Bürger ungewohnte Erfahrung der Organisationsbedürftigkeit und des Wettbewerbscharakters von Politik in einer modernen Gesellschaft. Die Fragmentierung eigenlogischer funktionaler Teilsysteme, die Logik strategischer Interaktion unter Unsicherheit sowie der ständige, durch die Probleme der Einheit gesteigerte Problemüberhang - sie verweisen die Vorstellung von einer inklusiven, mit geringen Investitionskosten verbundenen Interessenrepräsentation in den Bereich der Utopie; das gleiche gilt für die Idee von einem an allgemeinen und langfristigen Zielen orientierten politischen Prozeß. Es wird noch einige Jahre dauern, bis sich eine große Mehrheit der neuen Bundesbürger mit der Logik des kompetitiven organisationsbedürftigen politischen Handelns vertraut gemacht hat.

Der zweite Faktor bezeichnet die besondere Schwierigkeit, auf der Grundlage und ohne Gefährdung des dichten Institutionensystem der Bundesrepublik dem Wirtschaftsraum der Ex-DDR zu einer nachholenden Entwicklung zu verhelfen, ohne sich Illusionen über die tatsächlichen Möglichkeiten nach der irreversiblen Integration in globale Wettbewerbsverhältnisse hinzugeben. Zudem ist mit der frühzeitigen Festlegung auf vollständige Rechtsgleichheit im Osten die Option auf institutionelle Innovationen und wohllegitimierte Interimslösungen abhanden gekommen.

Organisatorische Eigeninteressen und institutionelle Trägheit dürften auch in Zukunft die Entwicklung situationsadäquater Problemdeutungen und Politikansätze erschweren. Das belegt u.a. die allgemeine Dethematisierung der beim Transformationsstart gesetzten, nach Ansicht der institutionellen Ökonomie unzureichenden[17], Bedingungen für eine nachholende Wirtschaftsentwicklung. Wir sind damit bei dem herausragenden Stellenwert, den politische Deutungen, respektive *Mythen*, im Transformationsprozeß genießen. Er hat in anderen Reformstaaten, wo Einkommens- und Lebenschancen von vornherein und in schmerzhafter Weise an Marktprozesse gekoppelt worden sind, kaum ein Pendant.

5. Kognitive Koordinaten

Bevor ich an drei Beispielen die Bedeutung politischer Mythen im Transformationsprozeß anspreche, möchte ich an den besonderen Orientierungsbedarf von Planern und Beteiligten an einem derart komplexen Projekt wie dem einer Gesellschaftstransformation erinnern. Zwar bot die Option der staatlichen Vereinigung Entlastung von jenen Orientierungsproblemen „normaler" Transformationsgesellschaften, die mit dem Dilemma der gleichzeitigen Einführung von politischer Gleichheit, sprich Demokratie, und sozialer Ungleichheit, sprich Marktwirtschaft, umzugehen haben. Gleichwohl überstieg das Vorhaben, die DDR-Wirtschaft übergangslos, aber bei gleichzeitiger Befriedigung hochgesteckter sozialer Teilhabeansprüche einer weltoffenen Marktwirtschaft anzugliedern, jedes aus der Geschichte der Bundesrepublik vertraute Problemniveau. Die Handlungsbereitschaft konnte allerdings durch die Suggestion geringer Kosten sowie durch Verweis auf etwaige im Unterlassungsfall drohende Gefahren gesteigert werden. „Einheitsfreundliche" Mythen präsentierten sich in beiden Varianten.

Der 1990 und noch 1991 verbreitete *Wirtschaftsoptimismus* suggerierte niedrige und allseits zumutbare Kosten. Es waren zunächst Repräsentanten der Wirtschaft, welche den technischen und organisatorischen Produktivitäts*rück*stand in eine spezifische „Stärke" der Transformationswirtschaft umdeuteten und ihn als „Produktivitätspotential" etikettierten, das zum Sti-

17 Vgl. Brakman/Garretsen (1993).

mulus eines stürmischen Wachstums werden würde. Politiker der Regierungskoalition untermauerten diese Sicht, indem sie in der DDR-Transformation eine Gestaltanalogie zur westdeutschen Nachkriegskonjunktur erblickten und ein zweites „Wirtschaftswunder" als jederzeit nach staatlichen Plänen durchführbare Veranstaltung darstellten.

Tatsächlich erwiesen sich Produktivitätsdefizite als hinderlich und die Umstände der Wiederaufbauphase in den Jahren 1950 bis 1965 als unwiederholbar. Das damalige „Wirtschaftswunder" läßt sich keineswegs auf eine Handvoll politisch herstellbarer Rahmenbedingungen reduzieren. Damals war der westdeutsche Markt nicht für externe Anbieter offen und es gab auch keine frei konvertierbare, geschweige denn eine überbewertete Währung. Einfuhrzölle, Devisenbewirtschaftung und die unterbewertete DM begrenzten vielmehr die Importe und begünstigten auf der anderen Seite, neben einer wachstumsförderlichen Sektoralstruktur (vgl. Lutz 1984), den Boom der Exportproduktion. Auch die Unterschiede der Erfahrungen und Ansprüche von 1950 respektive 1990 könnten nicht größer sein. Der Mythos eines zweiten Wirtschaftswunders, der die Aufmerksamkeit von den tatsächlichen Erfolgsbedingungen ablenkte, konnte folglich keinen Hinweis auf kontextangemessene Vorgehensweisen bieten.

Ein anderer Mythos malte schlimme Folgen für den Fall eines Verzichts auf die rasche Vereinigung aus: der Negativmythos einer riesigen unkontrollierbaren Wanderungsbewegung von Ost- nach Westdeutschland. Das Schreckgespenst unerwünschter *Immigration* hatte erste Konturen bereits bei dem über Drittländer einfließenden Wanderungsstrom angenommen. In den Begründungen für die Wirtschafts- und Währungsunion wuchs die „*Migrationsgefahr*" ins Überdimensionale und provozierte unter Westdeutschen Aussagen des Typs „Die Vereinigung der Deutschen soll sich nicht auf unserem Boden vollziehen".[18]

18 Lt. Koch-Arzberger/Wörndl (1993: 11). Für den Zeitraum von Januar 1989 bis Januar 1992 wird die Gesamtzahl der Übersiedler aus der DDR bzw. den neuen Bundesländern auf 870.000 Personen (Burda 1993), für das Jahr 1992 auf 170.000 beziffert (Giesek et al. 1993).

In der Tarifpolitik half der Migrationsmythos den westdeutschen Tarifparteien, ihr Eigeninteresse an hohen Tariflöhnen und an der Ausklammerung der Beschäftigungswirkungen zu kaschieren. Sie argumentierten mit der Behauptung, die Wanderungsbereitschaft richte sich vor allem nach dem Ausmaß der Lohndifferenz. Empirische Untersuchungen belegen das Gegenteil: Das Wanderungsverhalten ist nicht von Lohndifferential und Lohnentwicklung bestimmt (Burda 1993). Soweit die Arbeitsmarktlage zählt, bildet dauerhaft zu erwartende Arbeitslosigkeit einen wesentlich stärkeren Wanderungsanreiz als ein tendenziell geringer werdender Lohnunterschied (Akerlof et al. 1991).

Aber nicht nur bei den Veranstaltern, sondern auch unter den Teilnehmern der Transformation sind politische Mythen verbreitet. Davon zeugt der in Teilen der DDR-Bevölkerung geführte *Kolonialisierungsdiskurs.* Mit Blick auf Erscheinungen materieller und sozialer Deprivation sowie auf die ebenso reale Dominanz westdeutscher Akteure in der ostdeutschen Transformation wird diese als Akt einer eigennützigen Kolonialisierung interpretiert.[19] Die Erfahrungen mit unsensiblen Funktionsträgern aus Westdeutschland, Unzufriedenheit aufgrund von Statuseinbußen und Einkommensungleichheit sowie die in Massenarbeitslosigkeit und Rückerstattungsansprüchen begründete Verunsicherung werden als *ein* Syndrom wahrgenommen und einer gemeinsamen Ursache angelastet. Eine Kurzfassung der Kolonialisierungsthese läßt sich wie folgt resümieren:

> „Selbstinteressierte westdeutsche Akteure haben die Bevölkerung der DDR mit dem Angebot der raschen Einheit in eine Falle gelockt. Den Ostdeutschen wurden zwar die verfassungsgemäßen Rechte gewährt, doch sind sie durch die Allgegenwart westdeutscher Organisationen und Interessen empfindlich benachteiligt. Weil letztere die aktuellen Entscheidungsprozesse dominieren, sind sie auch für alle im Gefolge der Einheit erfahrenen Nachteile verantwortlich."

19 Vgl. Minkenberg (1993) und Bric (1994).

Durch Umdeutung aller Folgen des Systemwechsels in Wirkungen kontingenter Entscheidungen, die ebensogut hätten anders ausfallen können, entsteht der Eindruck, die anfallenden Transformationskosten und ihre als ungerecht empfundene Verteilung seien allein auf das oben erwähnte Repräsentationsdefizit zurückzuführen. Paradoxerweise scheint der ostdeutsche Transformationspfad, der im Vergleich zu den Übergangsprozessen anderer Reformstaaten eher komfortabel und zielsicher wirkt, besonders prägnante Empfindungen der Verletzung und Entfremdung zu provozieren. Und ausgerechnet der einzige Transformationsfall, bei dem das Gebot synchroner und irreversibler Startentscheidungen befolgt wurde, fördert die Illusion, daß die Transformationskosten weitgehend von den *im Laufe des Prozesses* getroffenen Entscheidungen abhingen.

6. Schluß

Statt die Sonderbedingungen der ostdeutschen Transformation zu resümieren, sei eine Bemerkung über die Bedeutung der kognitiven Koordinaten für die kollektive Identität der Teilnehmer am Transformationsprozeß angefügt: Ihre vergleichsweise günstige Position bei der Bewältigung der institutionellen und existentiell-sozialen Transformationsprobleme kann nicht darüber hinwegtäuschen, daß den Vorzügen der staatlichen Vereinigung auch „vereinigungsbedingte" Handikaps korrespondieren. Sie machen die Frage nach den Fortschritten der Sozialintegration zum gegenwärtigen Zeitpunkt einigermaßen unbeantwortbar.

In drei Hinsichten zeigen sich Defizite der kognitiven Bewältigung des Übergangs - Defizite, für deren Entstehung Ost- und Westdeutsche gleichermaßen verantwortlich zu zeichnen haben: *Zum einen* wirkt sich bis heute die Unzulänglichkeit einer Reformdiskussion aus, die nirgendwo so wenig über die Problematik „sozialistischer" Institutionen und eines Übergangs zu Kapitalismus und Marktwirtschaft informiert war wie in Deutschland: in Ost und West! *Zum zweiten* dürfte der Transformationsprozeß solange durch die Allgegenwart westdeutscher Referenzphänomene und den Paternalismus externer Akteure belastet bleiben, wie den Ostdeutschen nicht mehr Respekt vor ihren

Biographien und den Resultaten ihres Umgangs mit demokratischen Institutionen, z.B. dem Wahlrecht, gezollt wird. *Zum dritten* ist wohl mit längerfristigen Wirkungen jenes Wohlstandsversprechens zu rechnen, mit dem sich westdeutsche Politiker das Mandat für die Radikalkur verschafften.

Der Zirkel von transformationsbezogener Erwartungsbildung und Erwartungsenttäuschung wird der deutschen Politik noch längere Zeit als Unsicherheitsfaktor erhalten bleiben. Bekanntlich ist das deutsche Transformationsprojekt ein Sonderfall auch hinsichtlich der zeitlichen Verteilung von Kosten und Nutzen im Transformationsprozeß: Wurden in anderen Ländern zunächst die Kosten des Übergangs und erst später eventuelle Gewinne erfahrbar, so haben wir hier eine umgekehrte Reihenfolge. Die sicheren Gewinne sind längst verteilt und aufgebraucht. Während erfolgreiche Reformen in anderen Ländern - nach einer anfänglichen Ballung gravierender Nachteile - nun die politische Unterstützung für den eingeschlagenen Kurs wachsen lassen, erfährt ein beträchtlicher Teil der Ostdeutschen, daß den empfangenen Gratifikationen nun unerwarte Risiken und Nachteile folgen. Das ist die *in sozialintegrativer Hinsicht ungünstigste Konstellation* eines Transformationsprojekts, dem nunmehr ein gehöriges Maß an „nachholendem" Realismus zu wünschen ist.

Literatur

Abromeit, Heidrun, 1993: Die „Vertretungslücke". Probleme im neuen deutschen Bundesstaat. Gegenwartskunde 42 (3), 281-292

Ágh, Attila, 1993: The Social and Political Actors of Democratic Transition. Budapest Papers on Democratic Transition No. 75. Department of Political Science, Budapest University of Economics

Akerlof, George A./ Rose, Andrew K./ Yellen, Janet L./ Hessenius, Helga, 1991: East Germany In From the Cold: The Economic Aftermath of Currency Union. Brooking Papers in Economic Activity 1, 187

Benzler, Susanne, 1994: Chancen der Zivilgesellschaft in den neuen Bundesländern. In: Benzler, S./ Bullmann (Hg.): Deutschland-Ost vor Ort. Opladen: Leske + Budrich (i.E.)

Brada, Josef C., 1993: The Transformation from Communism to Capitalism: How far? How Fast? Post-Soviet Affairs, 9 (1), 87-110

Brakman, Steven/ Garretsen, Harry, 1993: The Relevance of Initial Conditions for the German Unification. Kyklos, 46 (2), 163-181

Brie, Michael, 1994: Die Ostdeutschen auf dem Wege vom „armen Bruder" zur organisierten Minderheit? Max-Planck-Gesellschaft. Arbeitsgruppe Transformationsprozesse. Arbeitspapiere AG TRAP 94/4

Brie, Michael/ Klein, Dieter (Hg.), 1991: Umbruch zur Moderne? Hamburg: VSA-Verlag

Bryson, Phillip J., 1992: The Economics of German Reunification: A Review of the Literature. Journal of Comparative Economics, 16 (1), 118-149

Burda, Michael C., 1993: The determinants of East-West German migration. European Economic Review, 37, 452-461

Czada, Roland, 1993: Die Treuhandanstalt im Umfeld von Politik und Verbänden. In: Fischer, Wolfram/ Hax, Herbert/ Schneider, Hans Karl (Hg.): Treuhandanstalt. Berlin: Akademie-Verlag

Derlien, Hans-Ulrich, 1993: German Unification and Bureaucratic Transformation. International Political Science Review 14 (4), 319-334

Elster, Jon, 1987: Subversion der Rationalität. Frankfurt/Main, New York: Campus Verlag

Fischer, Stanley/ Gelb, Alan, 1991: The Process of Socialist Economic Transformation. Journal of Economic Perspectives, 5 (4), 91-105

Fischer, Wolfram/ Hax, Herbert/ Schneider, Hans Karl (Hg.), 1993: Treuhandanstalt. Berlin: Akademie-Verlag

Funke, Norbert, 1993: Timing and Sequencing of Reforms: Competing Views and the Role of Credibility. Kyklos 46 (3), 337-362

Giesek, Arne/ Heilemann, Ullrich/ von Loeffelholz, Hans Dietrich, 1993: Wirtschafts- und sozialpolitische Aspekte der Zuwanderung in die Bundesrepublik. Aus Politik und Zeitgeschichte, B 7/93, 29-41

Hüther, Michael, 1993: Integration der Transformation. Überlegungen zur Wirtschaftspolitik für das vereinigte Deutschland. Jahrbuch für Sozialwissenschaft, 44 (1), 31-52

Koch-Arzberger, Claudia/ Wörndl, Barbara, 1993: Deutsche zwischen zwei Welten. Wie DDR-Bürger den Westen erleben. In: Hondrich, Karl Otto et al.: Arbeitgeber West, Arbeitnehmer Ost. Berlin: Aufbau Taschenbuch Verlag

Lehmbruch, Gerhard, 1992: Die deutsche Vereinigung. Strukturen der Politikentwicklung und strategische Anpassungsprozesse. In: Kohler-Koch, Beate (Hg.): Staat und Demokratie in Europa. Opladen: Leske + Budrich, 22-46

Lehmbruch, Gerhard, 1993: Der Staat des vereinigten Deutschland und die Transformationsdynamik der Schnittstellen von Staat und Wirtschaft in der ehemaligen DDR. BISS Public 10, 21-41

Lösch, Dieter, 1992: Der Weg zur Marktwirtschaft. Eine anwendungsbezogene Theorie der Systemtransformation. Wirtschaftsdienst, 72 (12), 656-663

Lutz, Burkart, 1984: Der kurze Traum immerwährender Prosperität. Frankfurt/Main, New York: Campus Verlag

Mayntz, Renate, 1994: Deutsche Forschung im Einigungsprozeß. Die Transformation der Akademie der Wissenschaften der DDR 1989 bis 1992. Frankfurt/M.: Campus

Minkenberg, Michael, 1993: The Wall after the Wall: On Continuing Devision of Germany and the Remaking of Political Culture. Comparative Politics, 26 (1), 53-68

Offe, Claus, 1994: Der Tunnel am Ende des Lichts. Erkundungen der politischen Transformation im Neuen Osten. Frankfurt/M., New York: Campus Verlag

Pickel, Andreas, 1992: Jump-starting a Market Economy: A Critique of the Radical Strategy for Economic Reform in the Light of the East German Experiences. Studies in Comparative Communism, 25 (2), 177-191

Ploszajski, Piotr (Hg.), 1990: Philosophy of Social Choice. Warsaw: IFiS Publishers

Przeworski, Adam, 1991: Democracy and the Market. Cambridge: Cambridge University Press

Sachs, Jeffrey D., 1989: My Plan for Poland. International Economy, 3 (Dec.), 24-29

Sachs, Jeffrey D., 1991: Crossing the Valley of Tears in East European Reform. Challenge, 34 (5), 26-34

Schäuble, Wolfgang, 1991: Der Vertrag. Stuttgart: Deutsche Verlags-Anstalt

Stark, David, 1992: Path Dependence and Privatization Strategies in East Central Europe. Eastern European Politics and Societies, 6 (1), 17-54

Teltschik, Horst, 1991: 329 Tage: Innenansichten der Einigung. Berlin: Siedler Verlag

Wiesenthal, Helmut, 1992: Sturz in die Moderne. Der Sonderstatus der DDR in den Transformationsprozessen Osteuropas. In: Brie, Michael/ Klein, Dieter (Hg.): Zwischen den Zeiten. Hamburg: VSA, 162-188

Wiesenthal, Helmut, 1993: Blockaden, Asymmetrien, Perfektionsmängel: Ein Vergleich der Repräsentationschancen sozialer Interessen im Transformationsprozeß. Max-Planck-Gesellschaft. Arbeitsgruppe Transformationsprozesse. Arbeitspapiere AG TRAP 93/5

Wiesenthal, Helmut/ Ettl, Wilfried/ Bialas, Christiane, 1992: Interessenverbände im Transformationsprozeß. Zur Repräsentations- und Steuerungsfähigkeit des Verbändesystems der neuen Bundesländer. Max-Planck-Gesellschaft. Arbeitsgruppe Transformationsprozesse in den neuen Bundesländern. Arbeitspapiere AG TRAP 92/3

Wollmann, Hellmut, 1994: The transformation of political and administrative institutions in East-Germany between external determinants and „endogenous" factors. Paper presented to the 16th IPSA World Congress, August 21-25, 1994 in Berlin

Wollmann, Hellmut/ Berg, Frank, 1993: Die ostdeutschen Kommunen: Organisation, Personal, Orientierungs- und Einstellungsmuster im Wandel. In: Naßmacher, H./ Niedermayer, O./ Wollmann, H. (Hg.): Politische Strukturen im Umbruch. Berlin: Akademie-Verlag

Hans Joachim Maaz

Tansformationsprobleme aus psychosozialer Sicht

Nachdem die politische Einheit Deutschlands 1990 hergestellt war, wurde sehr bald das Problem der „inneren Einheit", die noch längst nicht vollzogen sei, weil es noch eine „Mauer in den Köpfen" gäbe, diskutiert. Allerdings gab es bisher auch kaum nennenswerte und erst recht nicht erfolgreiche Bemühungen, diese „innere Einheit" zu ermöglichen oder gar herzustellen. Dies scheitert meiner Beobachtung nach vor allem an den vorherrschenden Verdrängungs- und Verleugnungsstrategien, die das Verstehen und Verhalten der meisten Ost- und Westdeutschen bestimmen und ein einfühlendes Verständnis in die unterschiedlichen Sozialisationen verhindert. Im Verhältnis der Westdeutschen zu Ostdeutschen besteht weit verbreitet ein Dominanzgefälle, das im Umgang miteinander meistens keine psychosoziale Gleichwertigkeit zuläßt. Die bisherige Einstellung zum Vereinigungsprozeß wird auf beiden Seiten vor allem von Illusionen beherrscht, die Auskunft geben über typische Sozialisationsbedingungen: So war im Osten Deutschlands die Hoffnung weit verbreitet, durch äußere Veränderungen - durch Demokratie und Marktwirtschaft, vor allem durch den bloßen Geldumtausch - schnell in ein besseres Leben geführt und von der Schmach der Vergangenheit erlöst zu werden; der damit bewiesene Realitätsverlust entspricht in etwa der psychosozialen Einengung, wie sie durch autoritäre Erziehung erzwungen wird und sich dann vor allem in Abhängigkeit, Autoritätsgläubigkeit und Untertanengeist manifestiert. Im Westen Deutschlands dominierte die Meinung, aus einer grundlegenden Überlegenheitsüberzeugung heraus, daß sich die Vereinigung am besten vollziehen ließe, wenn einfach nur alles übernommen und nachgemacht wird, was sich im Westen bewährt habe. So ist am Ende der „Beitritt" vollzogen worden und eine Vereinigung - ein gemeinsames Neues - wurde damit verhindert. Natürlich gab es auch politische und wirtschaftliche Zwänge für diesen unglücklichen Prozeß, doch ist der mögliche Freiraum für andere Entscheidungen überhaupt nicht genutzt worden. Dies führe ich auf psychische Abwehrmechanismen zurück, um die Angst vor möglichen Veränderungen und bitteren Einsichten zu vermeiden. Die Radikalität und Kritiklosigkeit, mit der die Verwestlichung vollzogen wurde, sind auffällige Befunde für die Pathologie der Vereinigung. Daß im Osten nichts bleiben durfte, wie es war, ja nicht einmal ernsthaft über Sinn und Wert DDR-typischer Entwicklungen diskutiert wurde, hat groteske bis kriminelle, lächerliche bis tragische Entwicklungen bewirkt. Es geht dabei um Kaputtmachen, Abwickeln, Dominieren, Übernehmen und Verdrängen - es wird ein Eliteaustausch (ostdeutsche SED-Mitglieder gegen westdeutsche Führungskräfte) vollzogen - und es geht um gnadenlosen Profit. Es geschieht das Überstülpen eines Sozial- und Rechtswesens, das weder Entwicklungen in der DDR (z.B. Vollbeschäftigung, soziale Sicherheit, Berufstätigkeit der Frauen, Kinderkrippen und -gärten) noch dem politischen Unrecht in der DDR und den Eigentumsregelungen gerecht werden kann. Die Vielzahl der damit geschaffenen Konflikte und Ungerechtigkeiten wird fast ausschließlich mit wirtschaftlicher Notwendigkeit erklärt. Daß dies auch stimmt, sei hier gar nicht in Frage gestellt, wenn man nicht eine grundsätzliche Debatte über die vertretbare ökologische Entwicklung führen will, aber daß dabei Machtinteressen verschleiert und der fast süchtige Geltungs- und Herrschaftsanspruch geleugnet werden, das schafft nicht nur ein Klima von Mißverständnissen, Vorurteilen und Feindseligkeiten, sondern stellt eine prinzipielle Gefahr für die Entwicklung unseres Landes dar. Der Vereinigungsprozeß der beiden Staaten ist ein erneutes eklatantes Beispiel ungebrochener autoritärer Verhältnisse in Deutschland, die als entscheidende Wurzeln für destruktive Gesellschaftsentwicklungen gelten müssen, wie sie sich bereits im deutschen Nationalsozialismus und im real existierenden Sozialismus ausgeformt hatten. Diese Gefahr halte ich solange für nicht gebannt, solange verborgene bis unbewußte Motive und Beweggründe politischer und wirtschaftlicher Entwicklungen nicht bewußt gemacht werden.

Es geht um Zustände, die ich mit Begriffen wie „innerer Faschismus" oder „innere Demokratie" zu erfassen suche, um damit erklären zu können, weshalb die bloß äußere „Entnazifizierung" und „Demokratisierung", wie wir aus der Vergangenheit wissen und jetzt wieder sehen können, völlig unzureichend bleiben müssen. In Frage steht also, ob politischer Machtwechsel, ob wirtschaftliche, soziale und juristische Veränderung ausreichen, auch wenn sie zunächst deutlich bessere Verhältnisse symbolisieren, eine tatsächlich neue Qualität im gesellschaftlichen Zusammenleben der Menschen zu ermöglichen. Die Entwicklungen nach 1945 in der DDR beweisen sicher das Gegenteil, und für die Bundesrepublik Deutschland muß inzwischen sehr kritisch nachgeschaut werden, wobei der deutsche Vereinigungsprozeß auch als ein Prüfstein genommen werden kann.

In der DDR konnten eine umfassende antifaschistische Staatsdoktrin und Erziehung den „inneren Faschismus" nicht auflösen. Damit sei ein psychischer Zustand beschrieben, der eine Spaltung der Persönlichkeit in eine soziale Maske von Höflichkeit, Tüchtigkeit, Gehorsam, Disziplin und Ordnung und in einen darunter verborgenen Gefühlsstau von Aggressivität, Schmerz und Trauer aufrecht erhält. In den Masken begegnen sich die Menschen und sie sind auch meistens davon überzeugt, daß dies ihre ganze Existenz ausmache, bis dann - scheinbar unerklärlich - Unzufriedenheit, Beschwerden und Erkrankungen ausbrechen, sie immer wieder in Konflikte oder Streit geraten, sich in süchtigen Lebensweisen oder radikalen Überzeugungen wiederfinden und trotz des so erfolgreichen und auch geordneten Lebens immer mehr von Haß, Feindseligkeiten und neuer Kriegslust befallen sind. So machen sich die verborgenen seelischen Zustände hinter der Fassade wieder bemerkbar. Von einer „inneren Demokratie" könnte also erst gesprochen werden, wenn das seelisch Fremdgewordene - das Unterdrückte, Ausgegrenzte und Abgespaltene - wieder gesehen, akzeptiert und integriert werden könnte. Solange dies nicht der Fall ist, leben wir bestenfalls in einer Demokratie, die nur so lange funktioniert, solange das Zusammenspiel pluraler Kräfte halbwegs ein gesellschaftliches Gleichgewicht ermöglicht. Wohlgemerkt, die Mehrzahl der Menschen ist dann nicht seelisch demokratisch, sondern kann sich durchaus in einem Zustand von „innerem Faschismus" befinden, was aber solange nicht manifest werden muß, solange diese Menschen in Parteien und Interessengruppen eingebunden sind und sich im Kampf der Meinungen und Machtpositionen wechselseitig in Schach halten. Damit werden die unbewältigten destruktiven Impulse im Einzelnen vorübergehend neutralisiert. Wir können etwas erkennen von dieser latenten Gefahr, wenn „gestandene Demokraten" plötzlich durch Korruption, Skandale, Lügen und unbeherrschte Machtimpulse aus ihrer Rolle fallen. Voraussetzung für ein vorübergehendes Funktionieren des Pluralismus, wenn die einzelnen Akteure nicht in ihrer seelischen Haltung tatsächlich demokratisch sind, bleibt ein gemeinsames Hauptinteresse, eine Übereinkunft für ein wesentliches Lebensziel, trotz unterschiedlicher Wege dahin - und das war in Deutschland nach 1945 vor allem der materielle Wohlstand, das Wirtschaftswunder. Die Begeisterung an einer hedonistischen Vergnügungs- und Zerstreuungskultur war vor allem eine Reaktion auf Not und Elend des Krieges und eine seelische Abwehr der vorhandenen Schuld - und dies konnte im gleichen Maße wachsen und wuchern, wie im Westen die christlich-religiösen und im Osten die sozialistisch-ideologisierten Werte an Überzeugungskraft verloren.

Dabei blieb vor allem das auroritäre Prinzip in Deutschland unangetastet: in der DDR hat es sich erneut unter dem politisch-totalitärem Anspruch der regierenden sozialistischen Einheitspartei in allen Bereichen des menschlichen Zusammenlebens ausgeformt. Unterdrückung, Ängstigung, Gewalt und Korruption durch Privilegien waren die Wirkprinzipien für den sozialistischen Autoritarismus, der sich unter der Maske von Antifaschismus, Sozialismus und Frieden wieder durchgesetzt hatte. Und in der Bundesrepublik Deutschland gab es zwar, vor allem nach 1968, eine äußere Liberalisierung, doch blieb das autoritäre

Prinzip auch dort eine gesellschaftsstrukturierende Kraft. Zwar war die äußere Erscheinungsform deutlich anders, doch mit Mitteln der Suggestion und Manipulation, durch Prestigezwänge und Konkurrenzdruck und durch rüde Marktgesetze wurden auch Anpassung und Einordnung erzwungen, die durchaus vergleichbare psychosoziale Folgen zeitigten. Wenn im Osten die repressiv erzwungene Entfremdung vor allem Eigenschaften von Gehorsam, von Disziplin und Ordnung, von Selbstunsicherheit, Minderwertigkeits- und Schuldgefühlen, von Gehemmtheit und Abhängigkeit befördert hat, so wurden im Westen individuelle Stärke und Durchsetzungsfähigkeit, Dominanzstreben und Gewinnsucht verstärkt sozialisiert als eine nur andere Form einseitiger Kompensation psychosozialer Entfremdung. Marktwirtschaft erlaubt keine Schwächen und Ängste, keine Unsicherheiten und Gehemmtheit, keine Skrupel und keine Nachsicht. Demokratie als plurales äußeres Kräftespiel verträgt keine Offenheit und Ehrlichkeit, keine wirkliche Nähe und Verbundenheit, kein mitmenschliches Verständnis und Einfühlungsvermögen, weil sonst das strukturgebende Zusammenspiel zwischen Macht und Opposition, zwischen Siegern und Verlierern, zwischen Reichen und Armen nicht mehr funktionieren würde.

So haben die beiden deutschen Staaten Eigenschaften sozialisiert, die sich nahezu polar gegenüber stehen und sich wie Schatten der jeweils ungelebten Seiten am Gegenüber hervorragend projizieren lassen. Und in der Tat wurden davon die Inhalte der wechselseitigen Propaganda des „kalten Krieges" genährt. So konnte das individuell unbewältigte Böse erneut abgespalten und schließlich kollektiv projiziert werden: So lebten nur noch im Westen die bösen Nazis und Kriegsverbrecher und auf der anderer Seite wurden die Kommunisten zum Inbegriff des Bösen. Auch das durch die gesellschaftlichen Bedingungen jeweils Verpönte wurde schließlich über die Mauer phantasiert: Die „armen Brüder und Schwestern" im Osten, die eben auch für alles Elend herhalten mußten, das im Westen nicht mehr gesehen werden wollte, und auf der anderen Seite das „freiheitlich-demokratische", den Menschenrechten verpflichtete Leben im Westen, das hinter der Mauer die illusionäre Hoffnung nährte, daß es geeignet sei, alles persönliche Unglück, alle Defizite und Mangelerfahrungen der Lebensgeschichte zu tilgen. Das war im Westen die offizielle politischen Doktrin, das war die Grundlage der oberflächlichen Besuchs- und Geschenks-Beziehungen zwischen Ost- und Westdeutschen und das ist die unreflektierte Grundprämisse der deutschen Vereinigung. Die Flucht- und Ausreisewelle aus der DDR, der Wandel des Rufes „Wir sind das Volk" in „Wir sind ein Volk", die Vereinigung als politischer Beitritt der DDR zur BRD und das weitere Wahlverhalten der Mehrzahl der Menschen im Osten muß auch unter dem Blickwinkel dieser Projektionen verstanden werden - was natürlich wesentlich unangenehmer ist, als das DDR-Regime nur zu verteufeln, das dafür ja auch hinreichend Gründe lieferte. Der „Beitritt" wurde zu einer umfassenden Versuchungssituation, die vorhandenen Einseitigkeiten und latenten Motive und Tendenzen in den Menschen zu aktivieren, so daß sich die sozialisierten Fehlhaltungen wechselseitig provozieren und verstärken konnten: Die ostdeutsche Unterwerfungsbereitschaft, die passive Erlösungshoffnung und Fürsorgementalität und die westdeutsche Dominanz- und Gewinnsucht, die aktive Machermentalität und das Vormundschaftsgefühl haben sich so verhängnisvoll ergänzt. Die Chance der wechselseitigen Relativierung und In-Frage-Stellung ist im gegenseitigen unbewußten Übereinkommen vermieden worden.

Da sich auf diese Weise die westdeutsche Lebensart prägend durchgesetzt hat, ist es vor allem bei den Ostdeutschen zu schweren Identitätskrisen gekommen. Aber nicht etwa, daß die politisch Hauptverantwortlichen und die wichtigsten Täter des DDR-Regimes davon am meisten betroffen wären. Ganz im Gegenteil: Die meisten Funktionsträger aus der DDR konnten am schnellsten - oberflächlich gewendet - in neue Machtfunktionen schlüpfen, was vor allem auf die Verwandtschaft der Herrschaftsstrukturen hinweist. So sind die zum Manager gewendeten Bonzen, die Blockflöten-Politiker und die für Machtinteressen besonders geeigneten Verleugner (Stolpe-Syndrom) am besten in die neuen Verhältnisse hinübergewechselt. Dagegen ist durch die Vereinigung eine große Zahl aus der nichtprivilegierten Bevölkerung in Existenzunsicherheit, Arbeitslosigkeit und Abwertung des bisherigen Lebens und damit in schwere Selbstwertkrisen bis hin zur Suizidalität gestürzt worden. Aber nicht nur diese gravierenden psychosozialen Nöte sind Ursache von schweren Befindlichkeitsstörungen und Identitätsbrüchen, sondern die Tatsache, daß die Mehrzahl der Menschen im Osten in einen Zustand von Schülern und Lehrlingen zurückversetzt wurde, daß eine neue Bevormundung und Entmündigung geschieht. Wenn eigene Entwicklungen geleugnet und abgewertet werden müssen und nur westliche Erfahrungen und Regelungen zu übernehmen sind, erzeugt dies - auch unabhängig von äußeren Erfolgen - eine tiefe seelische Verunsicherung. Ich nenne das ein „Verlust-Syndrom", das nicht auf die politischen Verhältnisse in der DDR abzielt- denn diese wünschen sich in der Tat nur ganz wenige zurück; es sind damit Abschiede und Trennungen von gewohnten, auch sehr liebenswerten Lebensweisen, von Alltagsorientierungen, von Beziehungsstrukturen und Umgangsformen, von wichtigen Menschen, von Zeitstrukturierung und Lebenszielen verbunden, die so umfassend sind, daß dadurch auch tief verdrängte, lebensgeschichtlich frühe Verlust- und Trennungserfahrungen wieder aktiviert werden - oft existentiell bedrohliche Erfahrungen von elterlicher Abwendung und mütterlicher Abwesenheit - so daß eine umfassende seelische Labilisierung resultiert, die unverstanden meist nur als diffuse Angst und Traurigkeit empfunden wird. Kein Wunder, wenn daraus leicht psychosomatische Störungen entstehen oder die vorhandenen Spannungen in sozialen Konflikten oder sogar in Gewalt ausagiert werden.

So gesellt sich zur Rigorosität politischer Macht- und wirtschaftlicher Profitinteressen ein „alltäglicher Rassismus" als eine unkritische Überheblichkeit über ostdeutsche Lebenserfahrung und berufliche Kompetenz. Darin wird eine Verleugnungsmentalität erkennbar, die die Abwertung andersartigen Lebens braucht, um eigene Schwächen und Verfehlungen abzuwehren und zu verdrängen. Ich fürchte, daß dies noch sehr ernste Folgen für den sozialen Frieden in Deutschland haben wird. Macht- und Wirtschaftsinteressen lassen sich ganz gut erkennen und auch entlarven und bekämpfen, aber psychische Abwehrmechanismen stellen ein Dickicht das, in dem man sich nur allzu leicht verliert und verfängt. So sind den Ostdeutschen nicht zu sehr die Politiker der falschen Versprechungen und die betrügerischen Geschäftemacher ein Problem, darauf haben sie sich schon ganz gut eingestellt - da kennen sie sich durch die Erfahrungen mit autoritärer Macht und verlogener Ideologie sehr gut aus - vielmehr sind es die neuen Vorgesetzten, die Manager und Beamten, die Professoren und Experten - also die „Entwicklungshelfer", die die neue Lebensweise organisieren und vermitteln und dadurch unweigerlich in die Rolle der Lehrer, der Erfahrenen und Wissenden - der „Besser-Wessi" eben - geraten, auch wenn sie gar keine Überheblichkeits-Merkmale herauskehren. Sie sind die Vollstrecker der neuen Entmündigung, die fast nahtlos und vermutlich meist unreflektiert fortsetzen, was zur ostdeutschen Massen-Neurose geführt hat: Abhängigkeit produzieren!

Die westdeutschen Führungskräfte sind nicht nur real hilfreich und damit fast unantastbar, sondern sie verkörpern zumeist eben auch die tiefe Überzeugung, daß das Leben in der DDR selbstverständlich ärmer, enger, unreifer gewesen ist - insgesamt also bemitleidenswert. Es werden dabei hauptsächlich äußere und materielle Maßstäbe zugrundegelegt - die Warenfülle, die Reisekilometer, der Geldwert und die äußeren Zerstreuungsmöglichkeiten oder es werden - etwas differenzierter - die demokratischen Grundwerte hervorgehoben, häufig sogar wie eine argumentative Waffe benutzt, um jeden Zweifel an der Überlegenheit sofort zu ersticken; die Qualität menschlicher Beziehungen, die wirkliche seelische Befindlichkeit, die Ängste und Wünsche, die Zufriedenheit in Partnerschaften und in der Sexualität, die seelische Entspannungsfähigkeit - ganz einfache aber wesentliche Lebensgrundlagen - werden dabei völlig außer acht gelassen. In den Zwiegesprächen, die ich gemeinsam mit Michael Lucas Moeller zwischen Ost- und Westdeutschen organisiert habe, wurde regelmäßig deutlich, daß zwischen den Deutschen, wenn sie Vertrauen fanden, Wesentliches von sich zu eröffnen, und nicht mehr über etwas streiten mußten, auch kein Gefälle mehr von West nach Ost bestand, die Ostdeutschen mitunter sogar Vorteile für sich verbuchen konnten.

Bei den durchaus wohlwollenden Westdeutschen sind folgende Haltungen weit verbreitet: Daß sie im Westen zufällig oder ganz zu Unrecht eben auf die bessere Seite nach dem Krieg gekommen seien, daß dort ja auch nicht alles Gold sei, was da glänzt und daß wir möglichst nicht die gleichen Fehler machen sollten - und überhaupt, wir hätten doch auch etwas geleistet und seien weder fauler noch ungeschickter, eben leider nur Opfer unglücklicher Verhältnisse - und wir sollten uns nicht alles gefallen lassen und unser Licht nicht unter den Scheffel stellen und wenn sie hier hätten leben müssen, dann wüßten sie auch nicht, wie sie sich verhalten hätten. Das alles bleibt immer etwas gönnerhaft, aus einem Überlegenheitsgestus heraus, eine Beratung von oben und außen, die nicht wirklich zur Beziehung werden kann, in der man sich selbst auch in Frage stellt und bereit zur Veränderung ist.

Ganz typisch ist auch das Herausstellen der großartigen Aufgabe, die in der Vereinigung liegt, und der Hinweis auf die riesigen Geldsummen, die tatsächlich fließen - im Unterschied zu den ehemaligen sozialistischen Bruderländern - und daß doch etwas Geduld, auch Dankbarkeit angezeigt wäre. Dies sind alles ganz richtige Argumente, und sie gehen doch an der tieferen Realität vorbei. Auf die Frage enttäuschter und ratloser Westdeutscher, was sie denn falsch machten, wenn auf ihre umfassenden Bemühungen mit passivem Widerstand reagiert wird oder wenn ihnen deutlich Verweigerung oder sogar Feindseligkeit entgegen schlägt, kann ich nur antworten, daß sie nicht mehr lehren und überzeugen, nicht ermutigen und unterstützen sollten, sondern nur von sich reden, von ihrem Leben erzählen, ihre Wünsche und Ängste zeigen und von den Vor- und Nachteilen ihres bisherigen Leben authentisch berichten sollten - nur dadurch werde Gleichwertigkeit ermöglicht und Chacen für Emanzipation befördert. Das aber würde auch die eigene Identität der „Sieger" gefährden, wäre dann doch der Ausgang der Begegnung offen. Und dies ist wohl die auffälligste Diagnose westdeutschen Verhaltens, daß die grundsätzliche Überzeugung, die

Besseren und Richtigeren zu sein, kein Fragezeichen erlaubt. Dabei könnten die Schwierigkeiten der deutschen Einheit und die Reaktionen der Ostdeutschen eine hervorragende Spiegelfläche sein für die dringend anstehenden Veränderungen und Entwicklungen, die das übertriebene Wohlstands- und Wachstumsdenken, die Ideologie des Erfolges überwinden könnten. Die Probleme in Ostdeutschland weisen uns nachdrücklich darauf hin, daß es unmöglich ist, die Lebensart der westlichen Industrienationen immer weiter auszudehnen. Unser gesellschaftliches Zusammenleben und die Ziele unserer Politik müssen anderen Maßstäben folgen. Aber Umdenken und Veränderungen werden bisher vor allem als Verlust und Verzicht verstanden und infogedessen auch angstvoll erlebt. Gerade darin manifestiert sich unsere Süchtigkeit nach äußeren Werten. Wenn wir uns aber an den menschlichen Grundbedürfnissen orientieren, z.B. an dem Wunsch nach unverstelltem Kontakt und ehrlichen Beziehungen, nach Verstandenwerden und Angenommensein trotz Schwächen und Grenzen, nach Auseinandersetzung und Meinungsvielfalt ohne Machtinteressen, an der Verringerung von Spaltung und Entfremdung - also an einem Zustand „innerer Demokratie" - dann können wir darin eine großartige Befriedigungsquelle finden, die uns unmittelbare Entspannung ermöglicht, statt uns in ewiger Anstrengung und Anpassung irgendwann ein besseres Leben zu verheißen, das so dann doch nie stattfindet.

Auf diese Weise haben wir schließlich immer mehr, weil wir immer weniger sind. Wir verbrauchen immer mehr, weil wir nicht mehr wissen, was wir wirklich brauchen. Wir reisen immer weiter, weil wir uns selbst nicht mehr finden. Wir gehen mit der Mode, statt nach unseren Bedürfnissen. Wir schauen fern, weil wir in der Nähe nichts mehr sehen. Wir schreiten fort und verlieren uns dabei. Und letztlich wollen wir unsere vermeintlichen Erfolge schützen und die Besitzstände wahren und geraten so unweigerlich in den Krieg.

Es gibt längst Mittel und Wege, unsere Entfremdung zu verringern. Sie werden aber kaum genutzt und beschritten, weil uns damit zunächst eine schmerzliche Ernüchterung bevorstehen würde: Wie bei einer Entziehung von Drogen und Alkohol! Deshalb haben wir offenbar vor einer „Therapie" unserer gesellschaftlichen Verhältnisse mehr Angst als vor der Zerstörung unserer Lebensgrundlagen. Wir müßten akzeptieren, daß die wirtschaftliche Wachstumsidee eine tödliche Illusion ist und daß Wohlstand nicht allein in der Anhäufung materieller Werte besteht. Doch angesichts des Ernstes unserer globalen Lage müssen wir uns dieser Diskussion stellen und andere Befriedigungsmöglichkeiten eröffnen, Befriedigungen, die aus psychosozialen Grundbedürfnissen erwachsen: aus mitmenschlichen Beziehungen und Gemeinschaft, aus echter Kommunikation und emotionaler Ehrlichkeit.

Wenn wir die deutsch-deutschen Verständigungsschwierigkeiten in ihrem psychosozialen Bedeutungsinhalt verstehen lernen und uns um wirkliche Begegnungen bemühen, dann könnte die deutsche Vereinigung dafür auch eine Chance eröffnen.

Gisela Trommsdorff

Identitätsprozesse im kulturellen Kontext und im sozialen Wandel

Sozialer Wandel, Modernisierungsprozesse, soziale Umbrüche und Transformationen vollziehen sich nicht nur in institutionellen Änderungen. Vielmehr setzen institutionelle Änderungen individuelle Einstellungen und Verhaltensweisen voraus und beeinflussen diese. Daher muß auch die Analyse von Transformationsprozessen individuelle Orientierungen und individuelles Handeln sowie deren Grundlagen mit berücksichtigen. Eine wesentliche Grundlage individuellen Handelns ist in der Identität des Handelnden verankert.

In der Tat thematisieren eine Vielzahl von mikrosoziologischen und psychologischen Studien zu Transformationsprozessen nach der Wende als Hauptprobleme Identitätskrisen und Orientierungslosigkeit. Es würde sich lohnen, einmal die Titel von Arbeiten vor und nach der Wende im Hinblick auf die Häufigkeit der Verwendung des Identitätsbegriffes zu vergleichen. Dabei hat man den Eindruck, daß ohne Identitätsforschung keine sozialwissenschaftliche Transformationsforschung möglich ist, wobei allerdings Identität zu einer Worthülse verkommt.

Darüber hinaus ist die sozialwissenschaftliche Forschung zur Identitätsproblematik in Mißkredit geraten, weil zu dieser Thematik häufig Befindlichkeitsforschung betrieben wurde. Wie die Betroffenen sich fühlen, wüßten sie selbst am besten. Forschung zu Identitätskrisen etc. könnte daher auch nur von den Betroffenen selbst durchgeführt werden. Eine wissenschaftliche, daß heißt auf objektiven und nachprüfbaren Grundlagen beruhende Analyse von individuellen Besonderheiten, wie der Identität, wäre danach unmöglich.

Dies ist eine unnötige und überflüssige Verstümmelung von Identitätsforschung. Vielmehr kann der Identitätsbegriff ein wichtiges Konzept bei der Analyse sozialer und psychologischer Prozesse bei der Transformation sein, wenn man diesen Begriff in einen theoretischen Rahmen einordnen und methodisch fundieren würde. Bei genauerer Kenntnis der identitätsstiftenden sozialen und psychologischen Faktoren und der identitätsstützenden sozialen und psychologischen Bedingungen sind wir besser in der Lage, unterschiedliche Identitäten zu beschreiben und deren Funktion zu studieren, um daraufhin z.B. Verhalten und Anpassungen im Transformationsprozeß zu verstehen und vorherzusagen.

Identität ist ein Teil des *Selbstkonzeptes* (vgl. Hormuth & Otto, 1994) und als solches eine individuelle Orientierung, die die eigene Person in Bezug zur (persönlichen, sozialen und physikalischen) Umwelt setzt und Selbstbewertung (in bezug auf das gegenwärtige und vergangene sowie ideale Ich) mit einschließt. Identitätsbildung erfolgt als lebenslanger Prozeß, bei dem strukturell-kognitive und affektive Aspekte von Selbstverpflichtung (commitment) wirksam werden. Diskontinuitätserlebnis von Identität aufgrund biographischer Brüche oder erlebter Diskrepanzen zwischen Identität und sozialen Erwartungen und Gegebenheiten können identitätsbelastende Wirkungen haben. Solche Belastungen sind zu Zeiten massiven sozio-ökonomischen und wirtschaftlichen Wandels zu erwarten.

Identität fließt in individuelles Handeln und damit in Person-Umwelt-Beziehungen ein. Insofern ist Identität subjektiv erlebt; sie ist aber auch intersubjektiv vermittelt und in der sozialen Interaktion auch gemäß *sozialen Kategorien* objektivierbar. D.h., man erlebt sich selbst z.B. als Deutscher, als Frau/Mann, als Dreißigjähriger, als gesund, stark, als kreativ, anregend, flexibel und kultiviert. Vor allem erlebt man sich in der Kontinuität eigener Entwicklung, d.h. auch der eigenen Herkunft, z.B. als Kind dieser Eltern, als Absolvent dieser Schule. Identität ist das Ergebnis eigener Erfahrungen und einer eigenen Lebensgeschichte, sie mündet in eine eigene Zukunft.

Identität ist individuell *verschieden strukturiert* und für den Einzelnen *inhaltlich unterschiedlich* bedeutsam. Für den einen bedeuten bestimmte Identitätsmerkmale, z.B. ein Deutscher zu sein, ein Stück positiver Identität, für den anderen ist dies ein Problem und für wieder andere ist dies neutral und irrelevant. Man mißt also verschiedenen Identitätsmerkmalen unterschiedlich hohe Bedeutung zu. Dabei sind einige dieser Merkmale zentral für die Identität und andere sind peripher. Die zentralen Merkmale hängen eng miteinander zusammen, so daß (erforderliche) Änderungen in solchen zentralen Bereichen auch Änderungen in benachbarten, weniger zentralen Bereichen bewirken. Wenn sich Identität bis zur Wende um die Rolle als arbeitende Mutter strukturiert hat und diese Rolle nach der Wende wegbricht, ändern sich damit zusammenhängende Merkmale der Selbstbewertung.

Identität - mit ihren peripheren und zentralen Merkmalen - wird als Teil des Selbstkonzeptes bereichs- und situationsspezifisch bewertet, aktiviert und handlungsrelevant. Beim Handeln versucht man zum einen, nicht in Widerspruch zum eigenen Selbstkonzept zu geraten, und zum anderen, dieses Selbstkonzept anderen Personen zu vermitteln, um von anderen in dieser Hinsicht anerkannt zu werden. Soziale Anerkennung verstärkt das eigene Selbstkonzept.

Identitätserleben ist Teil von subjektiven *Deutungsschemata*. Einige Merkmale der Identität werden als schicksalsbedingt erlebt, wie z.B. die körperliche Beschaffenheit. Andere werden als variabel und veränderbar erlebt. Ob die Veränderbarkeit als selbstverursacht wahrgenommen wird, ob wir z.B. versuchen, durch eigene Leistung unseren Idealvorstellungen näherzukommen, ob wir uns das zutrauen und uns tatsächlich bemühen, bestimmte Ziele zu erreichen, hängt vom Selbstkonzept, insbesondere der Selbstbewertung bzw. der erlebten Diskrepanz zwischen Ideal- und Realbild, und unserer Kontrollüberzeugung ab. Selbstbewertungen, Zukunftserwartungen und Kontrollüberzeugungen wiederum fließen in tatsächliches Verhalten ein und vermitteln Informationen über Erfolge und Mißerfolge, die im Rahmen aufgebauter selbstwertrelevanter Deutungsmuster interpretiert werden und so zu einer Stabilisierung von Identität beitragen - sei es als Teil eines eher positiven oder eher negativen Selbstkonzeptes.

Identitätsbildung ist insofern ein *aktiver* Prozeß der handelnden Person, die ihr Bild über sich im Sinn der Selbstreflexion selbst konstruiert, diesem Bild bestimmte Bedeutungen gibt und entsprechend handelt. Dabei ist nach James (1890/1950) das Selbst als Subjekt durch Kontinuität, Distinktheit, eigenen Willen und Selbstreflexion gekennzeichnet (vgl. auch Damon & Hart, 1982). Identitätsbildung ist aber insofern auch ein Ergebnis *sozialer* Prozesse, durch die die Person Informationen darüber erhält, was sozial erwünscht ist und wie andere die Person (z.B. in bezug auf physische, soziale und psychische Merkmale) sehen und beurteilen (Selbst als Objekt). Somit ist Identität ein Prozeß, den die Person selbst gestaltet, wobei sie von der sozialen Umwelt beeinflußt wird und gleichzeitig wieder die soziale Umwelt mit beeinflußt.

Diese Wechselwirkungsprozesse zwischen Identitätsbildung und sozialen Bedingungen stabilisieren die Identität sowie auch soziale Beziehungen. Identitätsbildung sollte daher immer im Zusammenhang mit dem sozialen Kontext, d.h. den Beziehungen zwischen Individuum und Gesellschaft erfaßt werden. Gerade in Zeiten gesellschaftlicher Umbrüche wie gegenwärtig in Ostdeutschland erscheint es besonders aufschlußreich, Identitätsbildungsprozesse und deren Beziehung zum sozio-politischen Wandel zu untersuchen.

Im folgenden werden *erstens* die Identitätsbildung aus entwicklungspsychologischer Perspektive, *zweitens* aus sozial- und *drittens* aus kulturpsychologischer Perspektive behandelt, um dann im *vierten* Teil auf Fragen zu Identität und sozialem Wandel zu kommen.

1. Entwicklungspsychologische Voraussetzungen

1.1 Entwicklungsgrundlagen

Inzwischen wissen wir, daß die Entwicklung des Selbst im zweiten Lebensjahr beginnt, und zwar aufgrund enormer kognitiver

Leistungen, die ihrerseits erst aufgrund neurophysiologischer Prozesse möglich sind und schließlich dazu führen, daß zwischen der eigenen und anderen Personen unterschieden wird. Wenn jetzt andere Personen als andere erkannt werden, beginnen Prozesse des Vergleichs mit anderen. Dabei werden zunächst einmal äußere physische Merkmale in den Wahrnehmungsprozeß einbezogen. Im weiteren Entwicklungsverlauf werden Wahrnehmungsprozesse stärker auf psychische Merkmale gerichtet, die als stabil und kontinuierlich gesehen und bewertet werden, also z.B. die individuellen Interessen, Fähigkeiten, Kenntnisse etc.. Dabei wird zunehmend die kognitive Fähigkeit aufgebaut, das eigene Selbstbild durch Übernahme der Perspektive von anderen zu entwickeln. Die durch die Sicht von anderen vermittelte Identität ist ein Teil der sozialen Identität (vgl. Cooley, 1902, „looking glass self"). Bei Mead (1934) sind die in Interaktion mit anderen gewonnenen subjektiven Erfahrungen der Person über das eigene Selbst der „me"-Aspekt der sozialen Identität. Diese in sozialen Interaktionen aufgebauten Reflexionen der Perspektive der anderen führen zu Verhaltensreaktionen, die verstärkend auf die soziale Identität einwirken und zu deren Kontinuität beitragen.

Entwicklungspsychologisch gesehen erfolgt nach Damon und Hart (1988) die Identitätsentwicklung (von der frühen über die mittlere und späte Kindheit zur frühen und späten Adoleszenz) von der Entwicklung des physischen Selbst zum aktiven, dann zum sozialen und schließlich zum psychologischen Selbst. Diese Entwicklungsstufen erfolgen über folgende strukturelle Merkmale: Kontinuität, Distinktheit, Volition und Selbstreflexität. Dabei ist die Entwicklungsrichtung zunächst auf periphere und später auf zentrale Merkmale fokussiert.

Beim Aufbau der Identität sind immer Vergleiche mit anderen Personen, zunächst mit den nahestehenden Eltern und altersgleichen Freunden wirksam, zum einen zur eigenen Identitätsbestimmung und zum anderen zur Abgrenzung von diesen Personen. Mit anderen vergleicht man sich, um sich über die eigene Identität und deren Bedeutung klar zu werden. Dabei vergleicht man sich nicht mit irgendwelchen Personen, sondern mit solchen, die einem wichtig und in gewisser Hinsicht ähnlich und sympathisch sind, oder die man als Vorbild wählt; aber man vergleicht sich auch mit Personen, von denen man sich positiv abheben möchte.

Die Maßstäbe für die Bewertung werden zum einen also von außen übernommen, aber sie werden auch intern aufgebaut. Entsprechend erfolgen *Selbstbewertungen* über soziale und individuelle Vergleichsprozesse und dies (je nach Bewertungsmaßstäben) mit eher positivem oder negativem Ergebnis. Selbstbewertungsprozesse werden früh entwickelt, z.B. in bezug auf die eigene Leistungsfähigkeit; sie beeinflussen die Entwicklung von Motiven und damit generalisierten bewertenden Zielsetzungen, z.B. der Leistungsmotivation, aber auch sozialer Motive wie des Aggressions- oder Machtmotivs (vgl. Heckhausen, 1989).

Bei Selbstbewertungsprozessen gestaltet die Person ebenfalls einerseits aktiv mit, andererseits werden die Bewertungen sozial vermittelt, und zwar schon sehr früh durch Bindungsprozesse an die engste Bezugsperson. Bei einer sicheren Bindung sind die Ergebnisse von Selbstbewertungen eher positiv. Das beeinflußt die weitere soziale, emotionale, motivationale und kognitive Entwicklung. Sicher gebundene Kinder mit positivem Selbstwert sind beliebter und sozial angepaßter (Sroufe, 1979). Unsicher gebundene Personen neigen eher zu feindseligen Attribuierungen und zu höherer Aggressionsbereitschaft (vgl. Staub, 1986). Bei unsicherer Bindung werden oft selbstwerterhöhende kompensatorische Maßnahmen ergriffen, die meist aber nicht die gewünschte oder nur kurzfristige Wirkung haben.

Dies ist ein wichtiger Schritt der Identitätsbildung: in der sozialen Interaktion mit anderen die eigene Identität aufbauen, vermitteln, erkennbar machen und selbst erkennen. Insofern erfolgt die Entwicklung von Identität immer in bezug zum sozialen Kontext.

1.2 Entwicklung von Identität in der Lebensspanne

Im Jugendalter wird die eigene Identität stabilisiert. Die physischen, sozialen und psychischen Merkmale der Identität werden zunehmend mehr als einheitlich und integriert sowie als ein über verschiedene Situationen hinweg kontinuierliches System erlebt. Um eine in diesem Sinne „achieved" identity (Erikson, 1968; Marcia, 1990) zu erreichen, sind jedoch Prozesse der Ablösung und Identitätsdiffusion, der Übergänge (Moratorium) und der Festlegung (commitment) erforderlich. Jetzt werden Wertorientierungen gesucht und auch wieder fallengelassen, um - je nach kulturellem Kontext - ein Wertesystem aufzubauen, das dem Selbstkonzept entspricht, an dem man sich orientiert und mißt und das dann auch zentral für die Identität wird. Dabei werden Diskrepanzen zwischen dem aktuellen und idealen Selbst erlebt, die emotional belastend sind und durch entsprechende interne Änderungen (z.B. von Bewertungsmaßstäben, Fähigkeiten etc.), durch Verhaltensänderungen oder durch Änderungen des Kontextes reduziert werden.

Welche Werthaltungen übernommen werden und auf welche Weise (z.B. Internalisierung), beeinflußt somit die weitere Identitätsbildung. Den Aufbau eines Wertesystems gestaltet das Individuum aktiv, und zwar je nach Verfügbarkeit über Werte, die unmittelbar und mittelbar durch Interaktionen der Person mit dem sozialen Kontext in Familie und Schule, in formellen und informellen Gruppen angeboten werden. Die Wertinhalte (ob man z.B. die Ziele der sozialistischen Persönlichkeit anstrebt) verankern die Identität und beeinflussen das weitere Handeln.

Dabei steht der Jugendliche in dem Spannungsverhältnis des Bemühens, eine Identität zu gewinnen, durch die er einerseits möglichst ähnlich mit der bevorzugten Bezugsgruppe ist, und durch die er sich andererseits von anderen, z.B. von den Eltern, abgrenzen kann. Dieses Spannungsverhältnis der Suche nach Gemeinsamkeit und Abgrenzung oder nach Bindung und Autonomie ist offenbar seit der frühen Kindheit wirksam und dient vermutlich der Sicherung von sozialer Einbindung einerseits und von Einzigartigkeit der eigenen Identität andererseits. Wie dieses Spannungsverhältnis individuell verarbeitet wird, hängt gerade im Jugendalter von familialen und von Altersgruppeneinflüssen ab.

Identitätsentwicklung ist jedoch nicht mit dem Jugendalter abgeschlossen. In der weiteren Lebensspanne ist man in verschiedene Institutionen eingebunden, die jeweils mit spezifischen Werthaltungen und Bewertungen verbunden sind, welche auf die Identitätsbildung des einzelnen einwirken. Im Entwicklungsverlauf können sich der soziale Kontext, die Gruppenzugehörigkeiten und damit auch die sozialen Einbindungen der Person ändern. Solche Änderungen haben auch Einfluß auf die Identität der Person. Dabei können vorhersehbare „normative" Änderungen sowie auch nicht vorhersehbare unerwartete Brüche eintreten, die mit neuen Anforderungen auch an die Identitätsbildungsprozesse einhergehen. Das ist der Fall bei sogenannten kritischen Lebensereignissen in der Biographie des Einzelnen, z.B. bei Scheidung, Verlust des Partners oder der Eltern, bei Krankheit, Verlust des Arbeitsplatzes etc., oder bei tiefgreifenden sozialen, politischen und wirtschaftlichen Transformationsprozessen, wie wir sie jetzt in Ostdeutschland erleben. Bei allen Änderungen in der Lebensspanne versucht die Person, ihre Identität zu erhalten, und zwar primär in der Selbstwahrnehmung, aber auch in der Wahrnehmung durch andere (Fremdwahrnehmung).

Eine Besonderheit der Identitätsentwicklung ist also die trotz entwicklungsbedingter Wandlungen beobachtbare *Stabilität* und *Kontinuität* der Identität in der subjektiven Wahrnehmung der Person. Die Quelle dieses Kontinuitätserlebens ist das Gedächtnis und der Bezug der Erlebnisse zum Ich als Erlebniszentrum. Gleichzeitig mit der Abgrenzung bzw. dem Vergleich zu anderen lernt man auch, daß in verschiedenen Situationen oder in verschiedenen sozialen Rollen unterschiedliche Aspekte der Identität gefordert sind und hervortreten, ohne daß subjektiv das Erlebnis von Kontinuität der Identität gefährdet werden muß. Um dieses stabile Ich herum gruppieren sich die für die Person wichtigen Selbstmerkmale, von denen einige im Lebenslauf auch weniger wichtig werden können bzw. ihre Bedeutung ändern. Dies ist eine wesentliche Voraussetzung für die Identitätsbildung sowie auch für die Kontinuität der Identitätsentwicklung über die Lebensspanne.

Diese Persönlichkeitskontinuität ist Grundlage der Identität und erlaubt die innere Stabilität des Selbst. Andererseits liegt hier eine Ursache für intrapersonale Krisen und Probleme, insbesondere wenn Kontextänderungen neue Aufgaben hervorbringen, die Anpassungen der Person erfordern, sei es, indem die Aufgaben den eigenen Zielen und Ressourcen angepaßt werden („primäre" Kontrolle), oder sei es, indem man eigene Ziele und Ressourcen den Kontextbedingungen und den Aufgaben anpaßt und somit partielle Änderungen der eigenen Identität vornimmt („sekundäre" Kontrolle). Insofern ist Identitätsbildung mit verschiedenen Formen der Kontrollorientierung (vgl. Weisz, Rothbaum & Blackburn, 1984) verbunden, was in der Auseinandersetzung mit den Transformationsprozessen in Ostdeutschland deutlich wird (vgl. Heckhausen, 1994; Trommsdorff, 1994a, b).

2. Identität und sozialer Kontext

2.1 Soziale Identität: Eigen- und Fremdgruppe

Traditionell wird in der Identitätsforschung zwischen einerseits dem individuellen oder personalen Selbst und andererseits dem sozialen Selbst unterschieden (vgl. Mead, 1934; Damon & Hart, 1988; Rosenberg, 1981). Auch wenn damit nicht immer dasselbe gemeint ist - gemeinsam ist diesen Ansätzen, daß beides - die individuelle Konstruktion der Identität und die z.B. in sozialen Rollen, Erwartungen und Lebensstilen vermittelte Identität - eng miteinander verbunden sind.

Die *soziale Identität* läßt sich auch über soziale Gruppen erfassen, mit denen sich die Person identifiziert, bzw. denen sie angehören möchte. Das sind jedoch nicht unbedingt Gruppen, zu denen die Person tatsächlich (schon oder noch) gehört. Die Identität einzelner Gruppenmitglieder kann daher nicht ohne weiteres aus den Merkmalen der Gruppen geschlossen werden, auch wenn dies ein typisches Phänomen der Personenwahrnehmung, der sozialen Kategorisierung und Stereotypisierung ist. Erst die *freiwillige* selbstgewählte Zugehörigkeit zu einer sozialen Gruppe definiert die Identität der Person. Aus der formalen Gruppenzugehörigkeit allein läßt sich noch nicht ablesen, welche Werthaltungen der Einzelne verfolgt und welche Ziele sein Handeln bestimmen. Das gilt im weiteren Sinne für die Zugehörigkeit zu einer Nation, z.B. der DDR. Das gilt aber auch im engeren Sinn für die Zugehörigkeit zur SED (oder auch zur Kirche), insbesondere, wenn wie in der ehemaligen DDR geringe Wahlfreiheit besteht bzw. Nichtzugehörigkeit zu bestimmten Gruppen negativ sanktioniert wird.

Die Person entwickelt den Merkmalen der eigenen Identität entsprechende Bezugsanker, nach denen sie soziale Gruppen wahrnimmt, bewertet, aufsucht oder vermeidet. Dies sind Grundlagen für die Wahl der (formalen oder informellen) Eigengruppe sowie für soziale Kategorisierung und für Vergleichsprozesse, die sich in der Verwendung von stereotypisierter Selbst- und Fremdwahrnehmung niederschlagen (vgl. Tajfel & Turner, 1986) und die zur Differenzierung zwischen *Eigen- und Fremdgruppe* führen. Nach Turner et al. (1987) wird Identität erreicht, indem man sich als Mitglied einer sozialen Gruppe definiert und dabei mehr oder weniger die Merkmale dieser Gruppe übernimmt.

Da man möglichst versucht, eine positive soziale Identität zu erreichen, gehen Tajfel & Turner (1986) davon aus, daß Vergleiche der Eigen- mit der Fremdgruppe möglichst einer positiven Bewertung der Eigengruppe dienen. Diese positive soziale Identität wird bedroht, wenn die Eigengruppe angegriffen oder gar in Frage gestellt wird. Im Falle einer negativen Bewertung der Eigengruppe durch andere wird man versuchen, Bewertungen zu ignorieren oder deren Quelle zu disqualifizieren. Negative Informationen über die Eigengruppe werden auch uminterpretiert, um positive Selbstbewertung zu bewahren. Wenn diese Gruppe sogar verschwindet, wie im Fall der Auflösung der DDR, bedeutet dies eine Identitätskrise für solche Personen, die sich mit ihr (damals oder jetzt rückblickend) identifiziert haben. Wenn aber die negative Bewertung der Eigengruppe schließlich selbst übernommen wird, bemüht man sich, diese Gruppe zu verlassen, um eine negative soziale Identität zu vermeiden. Ich komme auf diese Prozesse später nochmals zurück, wenn ich über sozialen Wandel und Identität in der ehemaligen DDR spreche.

Eigengruppenbeschreibungen und die Idealisierung der Eigengruppe sowie Kritik an Mitgliedern der Fremdgruppe dienen der eigenen Identitätssicherung und Selbstwerterhöhung. Beispiele sind der Chorgeist von studentischen Verbindungen, aber auch die Eigengruppenorientierung professioneller Gruppen wie der Mediziner, die die Schulmedizin als „wahre" Medizin vertreten, und Patienten als Außengruppe wahrnehmen und behandeln. Ähnliches gilt für andere Berufsgruppen wie die Polizei, aber auch für informelle Gruppen wie Rockerbanden, die durch entsprechende Uniformen, Rituale und Symbole ihre soziale und personale Identität provokativ herstellen.

Wenn man sich als Teil einer Gruppe wahrnimmt, deren Mitglieder diese Gruppe kritisieren, so wird die Identifikation mit der Gruppe und insofern auch die eigene Identität bedroht, insbesondere, wenn solche Kritik nach außen dringen sollte. Diese Art von Nestbeschmutzung wird dann (von der Gruppe meist) negativ sanktioniert.

2.2 Geschlechtsrollen- und nationale Identität

Die Prozesse der sozialen Kategorisierung nach Eigen- und Fremdgruppe setzten schon in der frühen Entwicklung ein, wenn z.B. die Geschlechtsrollenidentität aufgebaut wird. Trotz eindeutiger Identifizierbarkeit als Frau oder Mann heißt dies jedoch nicht, daß damit auch eindeutige Inhalte und Bewertungen von Identitätsmerkmalen verbunden sind. Im Gegenteil: aufgrund bestimmter sozialer Einflüsse können bestimmte Zugehörigkeiten (z.B. die Geschlechtsrollen- oder die nationale Zugehörigkeit) als ausgesprochen unerwünscht erlebt werden. Daraus können Identitäts- und soziale Konflikte erwachsen, die Ergebnis und Bedingung für sozialen Wandel sind. Wenn z.B. in bezug auf die Geschlechtsrollenidentität eine hinreichende Zahl von Personen und Gruppen Zufriedenheit erleben, ist sozialer Wandel wahrscheinlich. Sozialer Wandel und Wertwandel in bezug auf bestimmte Identitätsmerkmale kann also eine Voraussetzung, aber auch eine Folge von inter- und intrapersonalen Konflikten aufgrund von Identitätsproblemen sein.

Ein anderes Beispiel ist die Zugehörigkeit zu einer bestimmten Region oder Nation und die Art der *regionalen oder nationalen Identität.* Diese Zugehörigkeit muß keineswegs von der betreffenden Person als identitätsstiftend und -relevant erlebt werden, im Gegenteil, dies kann als Identitätsbedrohung und -verunsicherung wahrgenommen werden. Man kann - wie gesagt - durchaus formal Mitglied einer Gruppe sein, ohne sich mit dieser zu identifizieren, aber auch ohne diese Gruppe - trotz deren negativer Bewertung - zu verlassen. Ein Beispiel ist die von manchen Deutschen als unerträglich erlebte Zugehörigkeit zu Deutschland, ohne deswegen auszuwandern. Die in Umfragen üblicherweise gestellte Frage, ob man stolz ist, Deutscher zu sein, wird von Deutschen deutlich weniger bejaht als die entsprechende Frage, wenn sie an Amerikaner, Franzosen oder Engländer gestellt wird.

In eigenen Studien zur nationalen Identität hat ebenfalls nur ein sehr kleiner Teil der Personen eine positive Bewertung, ein Deutscher zu sein, gezeigt. Gleichzeitig wurde die Zugehörigkeit zu einer weiterreichenden Gruppe - zu Europa - stark betont und positiv bewertet (Trommsdorff & Reiber, 1994). Ob man sich als Deutscher fühlt und stolz darauf ist oder nicht, beeinflußt nicht die Identität als Europäer. Unsere deutschen Probanden, die an der schweizerischen und französischen Grenze leben, wiesen bei geringer nationaler Identität eine hohe negative Selbststereotypisierung als Deutscher ebenso wie eine negative Fremdstereotypisierung von (als ähnlich erlebten) Schweizern auf. Hingegen bestand eine hohe Identifikation mit Franzosen; Franzosen wurden positiv bewertet, ja geradezu idealisiert. Im übrigen zeigte sich eine hohe Kontextabhängigkeit der nationalen Identität. Dies ergab sich bei Verwendung von Verfahren mit unterschiedlichem Bezugsanker. Wenn die soziale Identität *regional* verankert war, wurde Deutschland als eher entfernt wahrgenommen. Wenn die soziale Identität *national* verankert war, identifizierten sich die Probanden gleichermaßen mit Deutschland wie mit Frankreich. Die subjektive Nähe bzw. Identifikationsbereitschaft mit lokalen Merkmalen war insgesamt größer als die für überregionale oder gar nationale Merkmale (Trommsdorff, 1994d).

Zusammenfassend läßt sich sagen, daß die personale Identität immer Teil einer sozialen Identität ist. Diese soziale Identität kann mehrschichtig und pluralistisch sein und situationsspezifisch variieren. D.h. auch, daß eine hohe Identifikation mit einer bestimmten Gruppe nicht unbedingt ausschließt, daß man in einer anderen Situation eine andere Gruppenzugehörigkeit befürwortet, die gleichzeitig identitätsrelevant ist. So werden multiple und ökologisch unterschiedlich ausgedehnte soziale Identitäten aufgebaut, jedenfalls in unserer pluralistischen individualistischen Gesellschaft. Diese multiplen Identitätsmerkmale können in unserer Gesellschaft gleichzeitig nebeneinander bestehen und als konsistent erlebt werden. In anderen, eher homogenen kulturellen Kontexten muß das jedoch nicht unbedingt der Fall sein. Ob dies den Übergang von einem eher homogenen kulturellen Kontext zu einem eher heterogen-pluralistischen Kontext erschwert, ist eine Frage, die sich gegenwärtig im Transformationsprozeß in Ostdeutschland stellt.

3. Soziale Identität aus kulturvergleichender Sicht

3.1 Identität in individualistischen und kollektivistische Kontexten

Die enge Verbindung von individueller und sozialer Identität läßt sich besonders gut in Vergleichen der Identitätsbildung in verschiedenen Kulturen nachweisen. Identitätsentwicklung erfolgt über Sozialisationsprozesse auf der Makro-, Meso- und Mikroebene, die durch kulturelle Werthaltungen beeinflußt sind. Diese in Interaktionszirkeln verlaufenden Identitätsbildungsprozesse erfolgen in verschiedenen kulturellen Kontexten.

In der Selbstkonzept- und Identitätsforschung wurden bisher empirische Untersuchungen vor allem in westlichen Kulturen an westlichen Populationen, vorwiegend an Collegestudenten, durchgeführt, so daß theoretische Aussagen über Identitätsbildungsprozesse keineswegs universell gültig zu sein brauchen, jedenfalls, so lange man diese Theorien nicht unter ganz anderen kulturellen Ausgangsbedingungen geprüft hat.

In verschiedenen Kulturen bestehen unterschiedliche Auffassungen über das Selbst. Einerseits vermittelt der kulturelle Kontext über entsprechende Sozialisationsprozesse unterschiedliche Menschenbilder, die der Einzelne übernimmt und die die Gruppe teilt, so daß sie so Grundlage von kulturspezifischen Identitätsvorstellungen werden. Andererseits beeinflußt die jeweils kulturspezifische Identität das Selbsterleben, das Erleben der sozialen Umwelt und den Umgang mit ihr (vgl. Marsella, DeVos & Hsu, 1985; Sampson, 1988; Triandis, 1989; Markus & Kitayama, 1991).

Identität wird durch das Erlebnis der Kontinuität und Konsistenz in der Biographie aber auch in den verschiedenen sozialen Handlungskontexten der Gegenwart vermittelt. Dies erfolgt über die Einbettung der eigenen Person in ein soziales Umfeld, das zum einen Sicherheit vermittelt und das zum anderen einen Spiegel für das eigene Selbstkonzept liefert. Dieses soziale Umfeld ist nicht nur individuell, sondern auch kulturspezifisch unterschiedlich strukturiert.

In *individualistischen* Gesellschaften ist dieses soziale Gefüge durch eine Vielfalt von teilweise formalen und informellen Netzen, die relativ lose verknüpft sein können, charakterisiert. Hier vermischen sich private und öffentliche Interaktionen.

In *kollektivistischen* (gruppenorientierten) Gesellschaften beruht das soziale Gefüge auf klar (häufig hierarchisch) strukturierten sozialen Beziehungen, bei denen private und öffentliche Bereiche deutlich voneinander abgegrenzt sind. So ist in Japan die Abgrenzung von einem Innen- und einem Außenbereich in sozialen Beziehungen (was übrigens auch mit einer klaren Differenzierung von Eigen- und Fremdgruppe verbunden ist) für das Erleben von Kontinuität und Konsistenz eigener Identität grundlegend. In der Innengruppe kann eine Vermischung von Selbst und Anderen (sozialer Gruppe) stattfinden, ohne daß die eigene Identität dabei infrage gestellt wird.

Dies ist für abendländische Kulturangehörige schwer vorstellbar, weil in diesem Kulturraum spätestens seit dem Mittelalter eine klare Abgrenzung der einzelnen Person von ihrem sozialen Kontext im Sinne einer individualistischen Identität bedeutsam wurde (vgl. Trommsdorff, 1995).

Anders als in individualistisch-orientierten westlichen Industriegesellschaften mit christlich-abendländischer Geschichte und daraus entwickelten Werthaltungen werden in asiatischen, gruppen-orientierten Kulturen keineswegs Autonomie und Selbständigkeit als Erziehungsziele angestrebt. Identitätsbildungsprozesse erfolgen dort über eine enge Einbindung des Einzelnen in soziale Gruppen, wobei diese sozialen Gruppen meistens klar definierte Normen und Verhaltensregeln vorgeben.

3.2 Independente und interdependente Identität

Identität läßt sich prototypisch nach Markus und Kitayama (1991) als *interdependente Identität* in gruppenorientierten Kultuen im Vergleich zur *unabhängigen Identität* in individualistischen Kulturen beschreiben. Damit ist zum einen eine Auffassung des Selbst in seiner sozialen Orientierung und Einbindung gemeint im Gegensatz zu Eigenständigkeit und Individualisierung (Sampson, 1988). In asiatischen Kulturen scheint mit dem interdependenten Selbst eine Vermischung von individuell-privaten und öffentlich-sozialem Selbst zu erfolgen. Dabei sind Art und Ausmaß der Identifikationsbereitschaft des Individuums mit anderen Personen stärker als bei Personen mit unabhängiger Identität aus individualorientierten Kulturen. Diese stärkere Identifikationsbereitschaft mit anderen erfolgt über emotionale, kognitive und handlungsrelevante Prozesse, die auch erhebliche Auswirkungen auf die Art von sozialer Interaktion in gruppen- vs. individualorientierten Kulturen haben (vgl. Trommsdorff, 1994c; 1995; Kobayashi, 1994; Trommsdorff & Kobayashi, 1994). Dies hat Konsequenzen für die weitere soziale, kognitive und motivationale Entwicklung des Einzelnen, aber auch für soziale Interaktionen und gesellschaftliche Prozesse.

Bei der interdependenten Identität wird vor allem eine starke Einbindung in die Gruppe, hohe Konformität mit Gruppennormen und hohe Verbindung der Eigen- und Gruppeninteressen erreicht mit der Folge, daß Solidarität und Harmonie in der

Gruppe selbstverständlich sind. Hier werden eher Beziehungen mit Primärgruppencharakter aufgebaut, die stark partikularistisch funktionieren. Im Gegensatz dazu ist bei der individualistischen Identität hohe persönliche Abgrenzung von anderen mit Konfliktbereitschaft zur Durchsetzung eigener Interessen im Rahmen universalistischer Gruppenzugehörigkeit zu beobachten.

Eigene kulturvergleichende Untersuchungen zwischen deutschen und japanischen oder anderen asiatischen Jugendlichen belegen dies deutlich (vgl. Trommsdorff, 1994a, b). Zum einen beschreiben sich japanische im Vergleich zu deutschen Probanden mehr in Hinblick auf andere Personen und soziale Beziehungen. In ihre Selbstbeschreibungen gehen häufiger Verweise auf Altersvergleiche und Familienmitglieder ein (vgl. Kobayashi, 1994).

Zum anderen setzen sich japanische und asiatische Jugendliche mehr für familien- und gruppenbezogene Interessen ein (Trommsdorff, 1994a, b). Für ihr positives Selbstgefühl ist die Harmonie mit der Gruppe bedeutsam; dafür werden Anpassung und Konformität nicht nur in Kauf genommen; sie sind selbstverständlich und deren Abwertung von außen wird als Bindungsverlust und Selbstwertbedrohung erlebt. Ein Apell an „eigene" Entscheidung wird als Verunsicherung erfahren.

3.3 Folgen für Kulturbegegnungen

Für Kinder und Jugendliche in *individualistischen heterogen* strukturierten pluralistischen Gesellschaften mit ihren vielfältigen sozialen Rollen, einer Vielfalt von Lebensstilen, der normativen Qualität von Individualität und Autonomie sowie diffusen Wertorientierungen besteht eine besondere Entwicklungsaufgabe. Identitätsbildung in pluralistischen im Vergleich zu homogenen Gesellschaften erlaubt einerseits, verschiedene Identitäten zu erproben und eigene Interessen und Fähigkeiten zu prüfen. Andererseits sind aber Entscheidungen zwischen einer hohen Vielfalt von Alternativen, sich gegenseitig ergänzender, aber auch widersprechender multipler Identitäten zu treffen. Dabei kann auch eine auf Individualismus gerichtete Identität nicht losgelöst von einer sozialen Identität sein (Trommsdorff, 1995). Hier entsteht in besonderem Maße die Frage, wie die situationsübergreifende Stabilität von Kontinuität von Identität aufgebaut werden kann - ein für die Identitätsbildung besonders wichtiger Prozeß. Insbesondere bei hoher Mobilität und Pluralität von Gruppenzugehörigkeiten ist die Herkunftsidentität zentral für die Kontinuitätserfahrung. Dabei kann die Herkunftsidentität als positiver oder negativer Bezugsanker dienen.

In *gruppenorientierten homogenen* im Vergleich zu heterogen strukturierten Gesellschaften sind Kontinuität und Stabilität von Identitätsentwicklung durch die vorgegebenen Handlungsstrukturen und Zukunftserwartungen eindeutiger und klarer. Dies erfordert einerseits identitätsbeeinflussende Anpassung der Person an soziale Regeln und soziale Erwartungen. Andererseits erlaubt dies eine hohe Sicherheit in bezug auf Kontinuität und Stabilität zumindest von Teilbereichen der Identität.

Die Identitätsentwicklung in homogen-kollektivistischen im Vergleich zu heterogen-pluralistischen Gesellschaften hat erhebliche Konsequenzen für die individuelle Bereitschaft, neue Situationen aufzusuchen, für die Lösung komplexer Probleme und die individuelle Anpassungsfähigkeit an ungeplante Herausforderungen wie abrupten sozio-politischen Wandel.

Eine Folge dieser unterschiedlichen Identität als unabhängige vs. interdependente Identität ist u.a. auch die Kontrollorientierung und die damit verbundene Bereitschaft, aktiv handelnd die eigene Umwelt gemäß eigenen Zielen zu gestalten („primäre" Kontrolle) oder eher eigene Ziele und Erwartungen den Gegebenheiten der Umwelt gemäß auszurichten und ggfs. aufzugeben („sekundäre" Kontrolle). Hier lassen sich unschwer Konsequenzen für sozialen Wandel extrapolieren. Damit sei an die vorangegangene Überlegung angeknüpft, daß Identität und sozialer Wandel in einem wechselseitigen Verhältnis zueinander stehen, das je nach kulturellem Kontext wirksam wird.

Dies hat auch Konsequenzen für die Identitätssicherung beim Übergang in ein jeweils anderes kulturelles System. Der Wechsel von einem kollektivistischen in ein individualistisches soziales System mit hoher Heterogenität von Handlungsalternativen und Identitätsformen ist ein Beispiel für gegenwärtige psychologische Probleme bei den Transformationsprozessen in Ostdeutschland.

In diesem Zusammenhang sei auch auf die allgemeine Bedeutung von Kulturbegegnungen für Identitätsbildungsprozesse hingewiesen. Weiträumige Kulturkontakte sind im Prozeß der Internationalisierung und der Wanderungsbewegungen zunehmend zu erwarten. Dabei bleibt es nicht bei individuellen freiwilligen Kulturkontakten; die überregionalen Wanderungsbewegungen werden vielmehr oft unfreiwillig und aufgrund von wirtschaftlichem und politischem Druck erfolgen und mit Kulturbegegnungskonflikten zwischen Minderheiten und Mehrheiten verbunden sein.

Solche kulturellen Begegnungen stellen Angehörige der Minderheitengruppen grundsätzlich vor die Frage, ob sie sich unterordnen, inwieweit sie sich mit den Werten der Mehrheitsgruppe identifizieren, oder ob sie ihre eigene Identität bewahren und inwieweit sie dabei Konflikte, Segregation und Ausgrenzung akzeptieren können (vgl. Berry, 1988).

In gewisser Weise erleben wir heute Phänomene der Kulturbegegnung zwischen Ost- und Westdeutschland, ohne die Konsequenzen für die Identitätsbildung auf beiden Seiten zu kennen.

4. Identität vor und nach der Wende

Die Erziehungsideologie der DDR ging von dem Ziel aus, Grundlagen für die Bildung zum sozialistischen Menschen zu legen. Erziehungsziele waren, vereinfacht gesagt, die Anpassung an und die Unterordnung unter die staatliche Autorität sowie die Akzeptanz der normativen Struktur der totalitären Gesellschaft und der Bereitschaft zum Kampf für den Sozialismus. Unter der Annahme eines „tabula rasa"-Modelles diente die Erziehung der Identitätsbildung einer sozialistischen Persönlichkeit. Allerdings gilt auch für die sozialistische Persönlichkeit, daß interindividuelle Differenzen in der Identitätsbildung bestehen.

Tatsächlich war die Identifikation mit dem DDR-System nicht einheitlich. Zumindest aus Befragungen in der Mitte der

70er Jahre (vgl. Schlegel, 1993) wird deutlich, daß besonders weibliche Jugendliche durch die Einrichtung und Verbesserung von Sozialleistungen eher bereit waren, sich mit dem System zu „identifizieren" bzw. sich zu dessen Zielen zu bekennen; daraus ließ sich unmittelbarer persönlicher Gewinn ziehen.

4.1 Identität vor der Wende: Empirische Befunde

Wenn man über die Identität von Ostdeutschen vor der Wende Aussagen machen will und dazu nach der Identifikation mit dem DDR-System fragt, so ist von folgenden Einschränkungen auszugehen: (1) Es sind interindividuelle Differenzen zu berücksichtigen; diese lassen sich teilweise nach sozialen Gruppen (Altersgruppen, Geschlecht, Bildungsschicht) zusammenfassen. (2) Es sind historische Änderungen vor der Wende zu berücksichtigen; diese hängen teilweise mit politischen Erfolgen der ehemaligen DDR, ihrer internen Sozialpolitik und der damit verbundenen Wirkung auf bestimmte Bevölkerungsgruppen zusammen.

Daher lassen sich allenfalls Aussagen über Identität und Identifikationstendenzen von bestimmten Bevölkerungsgruppen zu bestimmten Zeitpunkten machen. Dies wird durch die von Schlegel (1993) zusammengefaßten empirischen Untersuchungen zu Einstellungen von Jugendlichen in der ehemaligen DDR deutlich.

In den 70er bis zum Beginn der 80er Jahre stimmt ein hoher Prozentsatz der Jugendlichen in der DDR (1975 sind es 66 % der weiblichen und 53 % der männlichen Jugendlichen; 1983 sind es 56 % der weiblichen und 45 % der männlichen Jugendlichen) (vgl. Roski, 1985, zitiert in Schlegel, 1993, S. 27) dem Satz zu „ich bin stolz, ein Bürger unseres sozialistischen Staates zu sein". Damit verbunden war wohl die Überzeugung der Überlegenheit des Sozialismus, die u.a. auch aufgrund der Erfahrung wachsenden (wenn auch bescheidenen) Wohlstandes in den 70er Jahren und der besonders für Frauen vorteilhaften Sozialpolitik (z.B. Gesetz über die Unterbrechung der Schwangerschaft, Erhöhung der staatlichen Geburtenhilfe etc.) entstand.

Bezogen auf Bildungsschichten läßt sich aus den Untersuchungsergebnissen von Friedrich (1990, zitiert in Schlegel,

1993) entnehmen, daß noch 1985 die Mehrheit der Jugendlichen dem oben zitierten Satz („ich bin stolz...") zustimmte, und zwar 51 % Lehrlinge, 57 % junge Arbeiter und 70 % Studenten.

Aus der gleichen Untersuchung geht hervor, daß ab Mitte der 80er Jahre die Identifikation mit dem DDR-System kurz vor der Wende zurückging. Dem Satz „ich fühle mich mit der DDR verbunden" stimmten im Mai 1988 stark bzw. sehr stark nur noch 28 % der Lehrlinge, 32 % der jungen Arbeiter sowie immerhin noch die Mehrheit der Studenten (52 %) zu.

Es ist jedoch anzumerken, daß die Validität dieser Antworten nicht eindeutig ist. Zum einen lassen Antworten zu solchen Einzelfragen keine verbindlichen Schlüsse auf Einstellungsmuster wie die Identifikation mit einem Staat zu. Außerdem können Zustimmungen aufgrund von (erwarteten) Sanktionen erfolgt sein. Wenn der externe Druck nachläßt, kann die Bereitschaft zu solchen Zustimmungen abnehmen.

Allerdings ist dieser vorsichtigen Interpretation der Befunde entgegenzuhalten, daß die solchermaßen erfaßte Identifikation weiblicher Bürger mit dem DDR-System noch einmal kurz vor der Wende massiv anstieg; 51 % der weiblichen im Vergleich zu 37 % der männlichen Befragten bejahten die Frage, ob sie sich vollkommen (vs. absolut nicht) als DDR-Bürger fühlten (Schlegel, 1993, S. 28).

Diese Befunde machen zumindest deutlich, daß zwischen Bevölkerungsgruppen zu differenzieren ist und daß die Bereitschaft zur Identifikation mit der DDR auch von politischen Umständen abhängig gewesen ist.

4.2 Maßnahmen zur Identitätsbildung in der DDR

Die *Identitätsbildung in der ehemaligen DDR* erfolgte primär über eine verordnete Eigen- und Fremdgruppendichotomisierung und entsprechende Stereotypisierung und Feindbildhaltung. Neben der Identifikation mit dem Staat wurde eine Identifikation mit Organisationen der ehemaligen DDR, wie der SED, der FDJ, Betriebskampfgruppen, Arbeitsbrigaden etc., die zentrale Merkmale der eigenen Identität betreffen konnten, versucht.

Die ehemalige DDR hat eine Reihe von *identitätsstiftenden Maßnahmen* ergriffen, indem z.B. sehr früh sportbegabte Jugendliche selegiert und gefördert wurden. Die Elitebildung, z.B. in Mathematikolympiaden, ist ein Beispiel für die Identitätsstiftung in Teilbereichen, hier durch die Hochbegabtenförderung, die indirekt zu einer Identifikation mit der ehemaligen DDR und damit natürlich auch zur Staatsbildung beigetragen hat. Durch die Verleihung vielfältiger Privilegien zeichnete die Partei Einzelpersonen und deren Leistungen aus und trug damit zur Bindung an das System bzw. zur Selbstverpflichtung dieser Personen bei.

Eine unmittelbare System-Identifikation entstand offenbar bei dem Teil der DDR-Bevölkerung, die der Partei angehörte und selbst in der Partei aktiv war. Dies traf wohl auch für den Teil der Jugend zu, der in einem Entwicklungsstadium der Identitätsfindung und -bildung war und z.B. durch Einbindung in die FDJ eine „sichere" Gruppenzugehörigkeit mit eindeutigen Werthaltungen und Verhaltensvorschriften und Vorgaben für eine kollektive Identität fand.

Im übrigen erfolgte in der ehemaligen DDR die Identitätsbildung über die Zugehörigkeit zu informellen sozialen Gruppen. Hier kommt vor allem wohl der *Familie* eine besondere Bedeutung zu, trotz ihres Verlustes formaler Sozialisationsfunktionen, die vom Staat übernommen wurden. Hier sei nur erwähnt, daß etwa 80 Prozent der Kinder nach etwa einem halben Jahr in Ganztagskinderkrippen untergebracht wurden. Unter bindungstheoretischer entwicklungspsychologischer Perspektive ist dies für die weitere Identitätsbildung sehr problematisch, wurde aber vor der Wende nicht weiter thematisiert oder wissenschaftlich untersucht.

Zwar erfolgte die Erziehung in formellen Bildungsinstitutionen wie der sozialistischen Einheitsschule mit 10 Schuljahren für alle Schüler und nach einem im übrigen nach Parteivorgaben aufgebauten einheitlichen Curriculum. In der Nischengesellschaft DDR haben informelle Gruppen jedoch einen alternativen Kontext für die Entwicklung sozialer Identität geschaffen. Hier ist neben der Familie insbesondere auch die Kirche und eine dort vermittelte Identität in Abgrenzung von parteipolitischen Programmen zu betonen. Wie weit diese Identitätsbildungen in Nischen jedoch gingen, ist unklar.

Identitätsbildung erfolgt - wie gesagt - normalerweise über die Zugehörigkeit zu sozialen Gruppen. Je stärker die Eigen- vs. Fremdgruppenstereotypisierung bzw. je höher die Identifizierung mit den Merkmalen (also auch den Werten) der Eigengruppe, desto gravierender sind die *Folgen einer Änderung der Gruppenzugehörigkeit für die eigene Identität*. Das Zusammenbrechen eines Staates und seiner Institutionen bedeutet daher eine Identitätskrise, wenn man sich mit diesem Staat - der Eigengruppe - in hohem Maße identifiziert und wenn man hohe persönliche Investitionen für den Staat erbracht hat. Wenn die Eigengruppe gefährdet ist, bestehen zwei Alternativen: entweder verlassen die Mitglieder die Gruppe oder sie reduzieren Dissonanzerlebnisse durch Aufwertung der Eigen- und Abwertung der Außengruppen.

Beide Prozesse waren zu DDR-Zeiten zu beobachten: massive Fluchtbewegungen, die zunächst den Bau der Mauer und dann ihren Sturz bedingt habe, und erheblicher Anpassungsdruck, verbunden mit penetranter Bespitzelung in allen Bereichen. Das Ende der DDR wurde dann durch offizielle Umwandlung der sozialistischen Identität als Mitglied eines totalitären Staates hin zum Mitglied eines freien demokratischen Staates vollzogen. „Wir sind das Volk": Mit diesem Aufruf wurde in Ostdeutschland die kollektive Identität im November 1989 neu definiert.

4.3 Identitätsbildung nach der Wende

4.3.1 Identitätskrisen

Identitätsbildung ist ein lebenslanger Prozeß, der sozial und kulturell vermittelt ist. Identitätskrisen sind Folgen des Zusammenbruchs von Kontinuität in der Selbstbewertung und des Zusammenbruchs von relevanten Bezugssystemen und Identifikationsmodellen. Soweit im Osten solch ein Zusammenbruch in einigen Teilen der Bevölkerung erfolgt ist, stellt sich die Frage, wie

Übergänge für die Identitätsbildung erfolgen können, die erlauben, kontinuitätsstiftende Prozesse anzuregen. Eine identitätsrelevante Konsequenz des Zusammenbruchs der DDR ist, daß danach die ostdeutsche Bevölkerung ein bislang politisch diffamiertes System übernommen hatte. Dies muß besonders für solche ostdeutschen Bevölkerungsgruppen schwer erträglich sein, die sich mit dem DDR-System identifiziert haben.

Eine andere Konsequenz des Zusammenbruchs der DDR ist, daß bislang die Identitätsbildung als DDR-Bürger in einem totalitären Sysem erfolgt ist, das trotz Nischenangebot wenig Wahlfreiheit für Identitätsbildungsprozesse erlaubt hat. Nach der Vereinigung hingegen bestehen einerseits theoretisch eine Vielzahl von Angeboten für die Identitätsbildung. Diese kann theoretisch in einer Vielzahl von sehr verschiedenen Gruppenzugehörigkeiten und bei hohen Wahlmöglichkeiten für verschiedene Werthaltungen erfolgen. De facto sind diese Wahlmöglichkeiten jedoch zum einen begrenzt und zum anderen durch hohe Unsicherheit charakterisiert, u.a. aufgrund des beschränkten Angebotes von Arbeit, der ungewohnten Beschäftigungsbedingungen, neuer Qualifikationsanforderungen etc. Die Chancen für Neuorientierungen bei den transformationsbedingten Identitätsbildungsprozessen sind ungleich verteilt - meistens zu ungunsten der Frauen und der über 50-Jährigen, besonders wenn sie aus strukturschwachen Regionen kommen.

Das identitätsrelevante Problem bei der Anpassung an tiefgreifenden Wandel ist, daß solche Umbrüche etwas mit dem Selbstkonzept und -ideal sowie der Wahrnehmung eigener Kontrolle zu tun haben. Wie man sich selbst sieht, sehen kann und sehen möchte, wird dadurch konstituiert, wie man glaubt, den bisher internalisierten und den neuen Wertschätzungen entsprechen zu können. Dabei wird das Bild, das man von sich hat, durch mannigfache und seit der Transformation massiv gewandelte Beziehungen zum sozialen Kontext konstituiert.

Nehmen wir an, daß man sich in dem früheren DDR-Staat als eine erfolgreiche, angesehene Person wahrgenommen hat, die eine erfolgreiche Zukunftsperspektive vor sich hat; dieser Optimismus und die damit verbundene positive Selbstbewertung mögen realistisch gewesen sein, weil man sich mit den offiziellen Wertschätzungen und Verhaltensanforderungen des Staates in Übereinstimmung gesehen hat. Vielleicht hat man zu einer Organisation gehört, die selbst staatstragend gewesen ist. Man hat dort sogar eine gewisse (mittlere) Führungsposition eingenommen, die von anderen geachtet worden ist. Wenn dieses System und dieser Kontext wegbricht, dann bricht natürlich auch ein wichtiger Teil der eigenen Selbstachtung und der Konstituierung von eigener Identität mit dem persönlichen Urteil und der Bewertung der eigenen Person (wer bin ich) und der Selbstachtung und persönlichen Sicherung weg.

In dieser Zeit tiefergreifender sozialer Umbrüche wird es eine Vielzahl von sozialen Beziehungen geben, die plötzlich irrelevant oder gar negativ bewertet werden. Dies bringt erhebliche Probleme der Selbstbeurteilung und Bewertung mit sich und führt zu tiefen Verunsicherungen. Gleichzeitig muß man mit Anforderungen an Neuorientierungen umgehen. Dabei werden Sinn und Berechtigung der neuen Anforderungen vielleicht zunächst in Frage gestellt, besonders, wenn diese in Widerspruch zu den bisherigen Anforderungen stehen, und zu dem, was bisher identitätsbestimmend war. Diese (neuen) Anforderungen werden daher einer kritischen Prüfung unterzogen, und zwar kritischer, als wenn man einfach darin aufwächst.

4.3.2 Interindividuelle Differenzen in Identitätsbelastungen

Die Frage nach Identitätsbildungsprozessen nach der Wende läßt sich nicht generalisierend beantworten. Vielmehr sind interindividuelle Unterschiede zu erwarten. Allerdings ließe sich versuchen, eine Differenzierung der individuell verschiedenen Formen der Identitätsbildung und -umbildung unter dem Aspekt unterschiedlicher Identifikationsmuster mit dem System der ehemaligen DDR und unterschiedlicher Identitätschancen nach der Wende vorzunehmen.

Wie erwähnt, haben sich verschiedene Personen und Bevölkerungsgruppen in unterschiedlicher Weise mit der DDR identifiziert. Diese unterschiedliche Identifikation müßte auch entsprechend unterschiedliche Identitätsprobleme sowie auch Anpassungsbereitschaften bewirken. Für diejenigen, die sich nicht mit dem DDR-System identifiziert (und es wohlmöglich abgelehnt) haben, dürfte die Wende eine Chance für Identitätsbildung im lange gewünschten Sinne bedeuten. Allerdings sind auch hier Gefährdungen und Verunsicherungen möglich, u.a. weil z.T. ungewohnte und unerwartete Persönlichkeitsmerkmale gefordert werden (vgl. Wottawa, 1994), weil z.T. Erwartungsenttäuschungen zu verarbeiten sind, oder weil eine Wahl zwischen einer Vielfalt von Handlungsalternativen schwer durchführbar ist.

Bei denjenigen Personen, die sich nicht mit dem System identifiziert haben, ist Identität über enge Eigengruppenzugehörigkeiten gebildet worden. Innerhalb dieser Eigengruppen konnten informelle Beziehungen in einer persönlichen und damit überschaubaren, vertrauten Kommunikationssituation erfolgen (z.B. in Arbeitsbrigaden etc.).

Die primär sachgezogenen und universalistisch strukturierten sozialen Beziehungen in Westdeutschland sind hingegen weniger durch Eigen- vs. Fremdgruppenzugehörigkeiten bestimmt. Diese völlig andere Kommunikationsstruktur in den alten im Vergleich zu den neuen Bundesländern dürfte sich auf die Identitätsbildungsprozesse massiv auswirken. In dem universalistisch strukturierten sozialen Kontext bestehen vielfältige soziale Netze, bei denen die Zugehörigkeiten zu ganz verschiedenen sozialen Gruppen selbstverständlich ist.

Der Übergang von dem familistisch-partikularistischen System einer klaren Eigen- vs. Außengruppen-Differenzierung zu einem universalistischen System einer diffusen und häufig wechselnden multiplen Gruppenzugehörigkeit erfordert eine erhebliche Umstellung in der Reorganisation eigener Identität für die ostdeutsche Bevölkerung.

Darüber hinaus wird es als identitätsbedrohlich erlebt, wenn die Kontinuität von sozialen Kontexten wegbricht, durch die bisher Identität vermittelt und verstärkt wurde. Für viele Ostdeutsche dürfte daher nicht primär der Zusammenbruch des politischen Systems identitätsbedrohlich erlebt werden, sondern der Zerfall des sozialen Bezugssystems und der informellen sozialen Netze, in denen man seine Identität gebildet und bestätigt gefunden hat. Hier sei an die Bedeutung von Kontinuitätserlebnissen für die Sicherung der Identität erinnert.

Für diejenigen Bevölkerungsgruppen, die sich nicht in hohem Maße mit den Zielen der DDR identifiziert hatten, bedeutet darüber hinaus der Zusammenbruch des Systems der DDR eine unmittelbar persönlich erlebte, unerwartete Arbeitslosigkeit und Zukunftsunsicherheit. Die damit verbundenen Probleme legen es nahe, Deutungsmuster aus DDR-Zeiten wieder anzuwenden und bestätigt zu sehen. Aus der Streßforschung wissen wir, daß gerade in Belastungsperioden dominante Reaktionsmuster aktiviert werden. Arbeitslosigkeit, Preisanstieg oder Mietsteigerung werden z.B. als logische Folge des Kapitalismus interpretiert. Eigene Schwierigkeiten bei der Anpassung an neue Regelungen und Werthaltungen werden leicht im Sinne des bisherigen Wertsystems gedeutet und selbstwertstabilisierend den Besonderheiten des neuen Wertsystems zur Last gelegt als Konsequenzen der schon früher abgelehnten Merkmale des neuen Systems. So leben die früheren Deutungsmuster wieder auf und blockieren die Bereitschaft zur Identifikation mit dem neuen System.

Ein Umdenken - und mehr noch eine emotional fundierte Umidentifikation - ist bei dieser Lage höchst unwahrscheinlich, zudem die Kontinuität der bisherigen Identität damit in Frage gestellt würde. Durch die Transformationserfahrungen wird vielmehr nach Kontinuitätsangeboten im Sinne der Unterstützung der bisherigen Identität gesucht.

Für dieses Kontinuitätsbedürfnis hält die PDS gegenwärtig plausible Antworten bereit. Das Programm der PDS erlaubt eine konsistenzerhaltende Abwehr gegen das neue System, bei dem die psychologischen Probleme bei den Transformationsprozessen keinen abrupten Identitätsbruch bewirken.

Für diejenigen, die sich mit den Zielen der ehemaligen DDR identifiziert haben, bedeutet der Zusammenbruch der DDR ein besonderes Problem, eine Identitätskrise. Nach Wegbrechen der Identifikation mit der ehemaligen DDR wird nun von denselben Personen erwartet, daß sie sich mit dem identifizieren, was bisher in der DDR verteufelt war, dem kapitalistischen System mit seinen Merkmalen wie Wettbewerb etc. Dies sind nicht nur Schlagworte, sondern sie sind auch mit vielfältigem Inhalt gefüllt gewesen. Mit diesen Konzepten sind relevante Inhalte, z.B. Alltagsereignisse vielerlei Art, und identitätsrelevante Erfahrungen und Wertungen verbunden. Ein Bruch mit solchen Werthaltungen bedeutet ein hohes Maß an Dissonanzerlebnis und Identitätsbedrohung.

Schließlich sind diejenigen, die noch keine eigene Identität entwickelt haben, in besonderem Maße gefährdet. Entwicklungspsychologisch gesehen dürften dies vor allem Jugendliche sein, die mit dem Zusammenbruch der DDR gleichzeitig ihre identitätsstiftenden sozialen Bezugsgruppen verloren haben.

Bei Verlust einer Sicherheit vermittelnden totalitären Gruppen liegt es nahe, nach einer neuen ähnlich strukturierten Gruppe zu suchen. Mit der Zugehörigkeit zu einer autoritären Gruppe, die einfache Deutungsmuster und klare Handlungsanweisungen bietet, finden Jugendliche, die auf der Sache nach „vorgegebener" Identität sind, die für sie notwendige Sicherheit und Identität. Hier liegen wohl die Wurzeln radikaler rechtsextremer Jugendgruppen, die sich über diese Art der Selbstdefinition gemäß dem in der DDR praktizierten Muster der Fremdgruppendiskriminierung eine eigene Identität sichern. Ideologieträchtige Symbole kompensieren bei den Mitgliedern rechtsextremer Jugendgruppen den Verlust kollektiver Identität der DDR-Zeit.

Bei diesen Personen entfällt die Bindung an die Autorität des Kollektivs, ein zentrales Bedürfnis nach Sicherheit und Selbstaufwertung. Eigene Schwäche und eine mit negativer Selbstbewertung verbundene Identität kann durch Identifikation mit mächtigen Anderen bzw. durch Zugehörigkeit zu einer als mächtig wahrgenommenen Eigengruppe kompensiert werden und die Überzeugung von Kontrolle über erwünschte Ziele vermitteln. Stellvertretende Identifikation kann - wie wir wissen - über einzelne Menschen, aber auch über Gruppen erfolgen.

Letzteres läßt sich bei rechtsradikalen Jugendlichen beobachten, die ihr negatives Selbstbild durch Ausländerfeindlichkeit kompensieren. Dies ist konsistent mit bisher praktiziertem Handeln: Fremdgruppendiskriminierung war eine Grundlage der Identitätsbildung in der ehemaligen DDR. Kampf gegen den inneren und äußeren Klassenfeind hat damals die eigene soziale Identität verstärkt. Bei Austausch inhaltlicher Klischees wird dies heute wieder und weiterhin praktiziert.

Rechtsradikalismus von Jugendlichen ist aber auch ein Ergebnis einer diffusen Protesthaltung und daher nicht typisch für ostdeutsche Jugendliche. Protestpotential im Jugendalter ist - in einer Entwicklungsphase, die durch Identitätssuche gekennzeichnet ist - besonders virulent. Dies Potential kann zu einer Identifikation mit Negativwerten kanalisiert werden in dem Sinne, daß heute allgemein abgelehnte Werte - wie der Nationalsozialismus oder die Nazivergangenheit - im kollektiven Protest zur eigenen Selbstwerterhöhung als Identitätsgrundlage gewählt werden.

Hier ist ein in der Persönlichkeitspsychologie bekanntes Phänomen wirksam: Wenn man gewohnt ist, in bestimmten formalen Strukturen wie der Freund-Feind-Bildung zu denken, ist die Auswahl von Inhalten dafür als Grundlage für die eigene Identität beliebig. Es ist u.U. leichter, diese beizubehalten und nur auf andere Inhalte anzuwenden. Neue Denkstrukturen selbst aufzubauen, würde dagegen einen tiefergreifenden Identitätsumbau erfordern.

5. Ausblick

Abschließend sei noch einmal der Aspekt der Vergleichprozesse bei der Identitätsbildung aufgegriffen. Wie oben dargelegt, konstituieren Vergleichsprozesse die eigene Identität. Dabei sind sowohl interne wie sozial-externe Vergleichsprozesse relevant.

Wenn ostdeutsche Bürger die Erfahrungen *nach* der Wende mit ihren Lebensbedingungen und Chancen vor der Wende vergleichen, werden *interne Vergleichsprozesse* angewendet. Diese müßten zur Feststellung führen, daß de facto die Verfügbarkeit über Einkommen und der Lebensstandard sich wesentlich verbessert haben. Der Wohlstandszuwachs ist beträchtlich. So beträgt der reale Einkommenszuwachs preisbereinigt 12 %. Selbst wenn ein Familienmitglied arbeitslos ist, führt dies noch nicht zu signifikanten Einkommensverlusten (Zapf, 1994).

Tatsächlich geben Ostdeutsche nach den Ergebnissen des Wohlfahrtsurveys 1993 auch an, daß ihre Lebenslage vor 5 Jahren im Vergleich zu heute schlechter war. Dennoch sind sie mit der heutigen Lebenslage erheblich unzufriedener geworden. Die Lebenszufriedenheit der Ostdeutschen ist offenbar daher so gering, weil sie sich in bezug auf ihre subjektiv verbesserte gegenwärtige Lebenslage weniger mit ihrer eigenen vergangenen Lage, auch weniger mit ostdeutschen oder etwa osteuropäischen Gruppen, sondern vielmehr mit der Lebenslage der Westdeutschen vergleichen.

Gleichzeitig überschätzen Ostdeutsche jedoch die Lebenslage der Westdeutschen; ja sie schätzen sie sogar noch höher ein als die Lage in dem „Schlaraffenland" Schweiz. Nicht interne, sondern extern-soziale Vergleiche bestimmen die geringe Lebenszufriedenheit und damit auch ein wesentliches Merkmal der Identität der Ostdeutschen.

Solche identitätsbelastenden externen Vergleiche gehen von einem unrealistischen Bezugsanker aus, der jedoch subjektiv als realistisch und relevant gesehen wird. Der Vergleich mit der westdeutschen Bevölkerung ist natürlich auch deswegen nicht abwegig, weil die staatsrechtliche Zusammengehörigkeit und das neue Nationalgefühl solche Vergleiche nahelegen, ja geradezu herausfordern, und einer Differenzierung im Wege stehen. Dennoch wäre es psychologisch gesehen wohl identitätsschonender für den Übergang in das neue System, wenn der Bezugsanker für selbstwertrelevante Vergleiche primär intern und eben nicht extern auf die westdeutsche Bevölkerung bezogen wäre.

Die subjektive Wahrnehmung der am externen Bezugsanker verankerten sozialen Unterschiede führt zu einem erheblichen Erleben von Ungerechtigkeiten (also etwa der Frage: Bin ich jemand, den man schlechter behandeln kann; womit habe ich das verdient?) und zur Akzentuierung erlebter sozialer Unterschiede.

Der interne Vergleich mit der eigenen negativen Vergangenheit ist jedoch für Ostdeutsche ebenfalls eher selbstwertbelastend. Wenn solche Vergleiche mit der eigenen Vergangenheit erfolgen, werden, um solche Belastungen zu vermeiden, gerade positive Aspekte hervorgehoben, die im Vergleich zu Westdeutschland deutliche Vorteile, wie die wirtschaftliche und soziale Sicherheit etc. beschreiben. So weit jedoch solche internen Vergleiche eher zu identitätsbelastenden Ergebnissen führen, wird man sie weniger bevorzugen als externe Vergleiche mit der positiv erscheinenden Lebenslage der Westdeutschen.

Insofern befinden sich Ostdeutsche tatsächlich in einem schwierigen Identitätsdilemma. Weder die Vergleiche mit der eigenen Vergangenheit noch die extern-sozialen Vergleiche mit der westdeutschen Bevölkerung führen zu einem positiven selbstwerterhöhenden und identitätsstützenden Ergebnis. Im Gegenteil, Vergleiche mit der westdeutschen Bevölkerung scheinen so belastend zu sein, daß eine Abgrenzung zu Westdeutschen als Identitätsstützung erfolgt. Immerhin könnte die Zukunftszuversicht der Ostdeutschen und die einer positiven Entwicklung und einer zunehmenden Lebenszufriedenheit - das zeigen die Daten des Wohlfahrtsurveys - ein Hinweis für ein nur vorübergehendes Phänomen von Identitätskrisen sein.

Literatur

Berry, J.W. (1988). Acculturation and psychological adaptation: A conceptual overview. In J.W. Berry, M.C. Annis (Eds.), *Ethnic psychology: Research and practice with immigrants, refugees, native peoples, ethnic groups and sojourners* (p. 41-52). Amsterdam, Lisse: Swets and Zeitlinger.

Cooley, C.H. (1902). *Human nature and the social order.* New York: Charles Scribner.

Damon, W., Hart, D. (1982). The development of self-understanding from infancy through adolescence. *Child Development*, 53, 841-864.

Damon, W., Hart, D. (1988). *Self-understanding in childhood and adolescence.* Cambridge: Cambridge University Press.

Erikson, E.H. (1968). *Identity, youth and crisis.* New York:

Heckhausen, J. (1989). *Motivation und Handeln. 2. Auflage.* Berlin, Heidelberg, New York: Springer.

Heckhausen, J. (1994). Entwicklungsziele und Kontrollüberzeugungen Ost- und Westberliner Erwachsener. In G. Trommsdorff (Hrsg.), *Psychologische Aspekte des sozio-politischen Wandels in Ostdeutschland* (S. 124-134). Berlin: DeGruyter.

Hormuth, S.E., Otto, S. (1994). Das Selbstkonzept: Konzeptualisierung und Messung. In M. Amelang, K. Pawlik (Hrsg.), *Enzyklopädie der Psychologie: Differentielle Psychologie*. Göttingen: Hogrefe.

James, W. (1890). *The principles of psychology*. New York: Holt (reprinted 1950, New York: Dover Publications).

Kobayashi, M. (1994). *Selbstkonzept und Empathie im Kulturvergleich. Ein Vergleich deutscher und japanischer Kinder*. Konstanz: Unveröffentlichte Dissertation.

Marcia, A.J. (1990). Identity diffusion differentiated. In M.A. Luszcz, T. Nettelbeck (Eds.), *Psychological development: Perspectives across the life-span* (p. 289-294). North-Holland: Elsevier.

Marsella, A.J., DeVos, G., Hsu, F.L.K. (Eds.) (1985). *Culture and self: Asian and Western perspectives*. New York: Tavistock.

Markus, H.R., Kitayama, S. (1991). Culture and the self: Implications for cognition, emotion, and motivation. *Psychological Review, 98*, 224-253.

Mead, G.H. (1934). *Mind, self, and society*. Chicago: Morris.

Rosenberg, M. (1981). The self-concept: Social product and social force. In M. Rosenberg & R.H. Turner (Eds.), *Social psychology: Sociological perspectives* (p. 591-624). New York: Basic Books.

Sampson, E.E. (1988). The debate on individualism: Indigenous psychologies of the individual and their role in personal and societal functioning. *American Psychologist, 43*, 15-22.

Schlegel, U. (1993). Politische Einstellungen ostdeutscher Frauen im Wandel. *Texte zur politischen Bildung, Heft 5*, Leipzig.

Sroufe, L.A. (1979). Socioemotional development. In J.D. Osofsky (Ed.), *Handbook of infant development*. New York: Wiley.

Staub, E. (1986). A conception of the determinants and development of altruism and aggression: Motives, the self, and the environment. In C. Zahn-Waxler, E.M. Cummings, R. Iannotti (Eds.), *Altruism and aggression* (p. 135-164). Cambridge: Cambridge University Press.

Tajfel, H., Turner, J.C. (1986). The social identity theory of intergroup behaviour. In S. Worchel, W. Austin (Eds.) *Psychology of intergroup relations. Second edition*. Chicago: Nelson-Hall.

Triandis, H.C. (1989). The self and social behavior in differing cultural contexts. *Psychological Review*, 96, 506-520.

Trommsdorff, G. (1994a). Psychologische Probleme bei den Transformationsprozessen in Ostdeutschland. In G. Trommsdorff (Hrsg.), *Psychologische Aspekte des sozio-politischen Wandels in Ostdeutschland* (S. 19-42). Berlin: DeGruyter.

Trommsdorff, G. (1994b). Zukunft als Teil individueller Handlungsorientierungen. In E. Holst, J.P. Rinderspacher, J. Schupp (Hrsg.), *Erwartungen an die Zukunft* (S. 45-76). Frankfurt: Campus.

Trommsdorff, G. (1994c). Empathy and prosocial action in cultural environments: A cross-cultural analysis. In T. Kindermann, J. Valsiner (Eds.), *Development of person-context relations*. Hillsdale, NJ: Erlbaum.

Trommsdorff, G. (1994d). Regional and national identity as aspects of self identity. *Paper presented at the 23rd International Congress of Applied Psychology in Madrid, Spain, 17.-22.7.1994.*

Trommsdorff, G. (1995). Individualismus aus der Sicht verschiedener Kulturen. In Kreyer, V.J. (Hrsg.), *Gesellschaft im Wandel. Bilanzen, Problemaufrisse und Antizipationen an der Schwelle zum 21. Jahrhundert. Ein Forum*. Hamburg: Fromm-Verlag.

Trommsdorff, G., Kobayashi, M. (1994). Empathy and prosocial behavior: German and Japanese children in cross-cultural comparison. *Paper presented at the 6th Conference on Developmental Psychology, 28.8.-1.9.1993, Bonn.*

Trommsdorff, G., Reiber, E. (1994). National and European identity in West Germany. In E. Sousa (Ed.), *National and European identities in Europe*. Lisbon: Portugese Commission to EC/ISPA.

Turner, J.C., Hogg, M., Oakes, P., Reicher, S., Wetherell, M. (1987). *Rediscovering the social group: A self-categorization theory*. Oxford: Basil Blackwell.

Weisz, J.R., Rothbaum, F.M., Blackburn, T.C. (1984). Standing out and standing in: The psychology of control in America and Japan. *American Psychologist, 39*, 955-969.

Wottawa, H. (1994). Veränderungen und Veränderbarkeit berufsrelevanter Eigenschaften im Ost-West Vergleich. In G. Trommsdorff (Hrsg.), *Psychologische Aspekte des sozio-politischen Wandels in Ostdeutschland* (S. 216-229). Berlin: DeGruyter.

Zapf, W. (1994). Die Transformation in der ehemaligen DDR und die soziologische Theorie der Modernisierung. *Berliner Journal für Soziologie, 3*, 295-305.

GPSR Compliance

The European Union's (EU) General Product Safety Regulation (GPSR) is a set of rules that requires consumer products to be safe and our obligations to ensure this.

If you have any concerns about our products, you can contact us on ProductSafety@springernature.com

In case Publisher is established outside the EU, the EU authorized representative is:

Springer Nature Customer Service Center GmbH
Europaplatz 3
69115 Heidelberg, Germany

Batch number: 10809466

Printed by Printforce, the Netherlands